JN409357

지구촌 여행기

지구촌 여행기

김학 기행수필집 ⑯

수필과비평사

| prologue

『지구촌 여행기』를 책으로 묶으며

날마다 거실 탁자 위에 놓인 둥근 지구의地球儀를 보며 나라밖의 세상을 생각하곤 한다. 그 지구의를 보며 내 발자국이 찍힌 곳을 더듬어 보는 것도 즐거운 일이다.

지구는 넓고 사람은 많으며, 소일거리도 다양했다. 가는 곳마다 볼거리, 먹을거리, 즐길 거리도 푸짐했다. 나라마다 모든 게 달라서 늘 새로운 기분에 젖으며 지구촌을 누빌 수 있었다. 지구촌 여행은 그래서 좋았다.

심심산골 시골에서 태어나는 바람에 기차나 배도 보지 못하고 자란 내가 어른이 되어서는 5대양 6대주를 많이도 싸돌아다녔다. 돌이켜 보니 행복한 삶이었다. 그래도 안 가본 곳이 가본 곳보다 훨씬 더 많지만, 시골 출신인 내 딴엔 꽤나 많이 돌아다녔다. 지구촌이 좁다는 듯 누비고 다녔다.

백인이 사는 나라, 황인이 사는 나라, 흑인이 사는 나라, 두루두루 가 보았다. 다녀와서는 꼭 몇 편씩 기행문을 남겼는데, 그 원고가 많이 쌓였다. 그러나 내 나이 50대 후반에 프랑스, 이탈리아, 로마, 영국 등 서유럽 여러 나라를 다녀와서는 어쩐 일인지 한 편도 기행문을 쓰지 못했다. 아쉬운 일이다. KBS에서 정년퇴직 기념으로 보내준 여행인데 기록으로 남기지 못해 안타깝다. 또 남아메리카도 갈 기회가 없었다. 이제나 저제나 미루다가 그리 되었다.

나는 해외여행을 다녀와서 기행문을 쓸 때마다 최남선, 이광수, 정비석 같은 유명 작가들이 이 시대에 살면서 지구촌을 누비고 세계여행기를 썼으면 얼마나 좋았을까 생각하곤 한다. 그랬더라면 우리나라의 독자들도 무척이나 행복했을 텐데….

내 비록 그 선배작가들의 능력에는 미치지 못하지만 아쉬운 대로 이렇게나마 기행문을 모아 한 권의 기행수필집으로 남길 수 있어서 행복하다.

앞으로 나의 꿈이 있다면 한반도가 평화지대가 되어 남과 북을 자유로이 오갈 수 있게 되기를 바란다. 그렇게 되는 날, 나는 내 승용차를 몰고 북녘 땅의 명승고적을 두루두루 돌아보며 또 한 권의 기행수필집을 엮고 싶다. 그런 날이 꼭 왔으면 좋겠다.

2019. 8. 15.

三溪 金鶴

| Contents

Chapter 2

동유럽 여행기

Chapter 3

아프리카 여행기

Chapter 4

중국 여행기

Chapter 5

일본 여행기

Chapter 9

베트남 여행기

Chapter 10

캐나다 여행기

Chapter 11

싱가포르 여행기

Chapter 12

태국 여행기

Chapter 13

북한 여행기

Chapter 1

미국 여행기

내 배는 배도 아녀

—미국여행기 ①

24년 만의 미국 나들이인지라 무척 가슴이 설렜다. 아내를 동반한 장거리 여행이니 멀미나 하지 않을까 한편으로는 걱정되기도 했다. 2013년 12월 19일 새벽 6시 40분 리무진버스로 전주를 출발했다. 졸다 깨다 하니 어느새 인천국제공항에 도착했다. 공항에는 여전히 해외나들이를 하려는 사람들로 붐볐다.

JAL기 코너를 찾아가서 비행기표를 달라고 하니 전자비자를 가지고 왔느냐고 물었다. '전자비자라니?' 앞이 캄캄했다. 나는 여권을 새로 만들면 비자가 필요 없는 것으로 알았다. 그러나 이미 발등에 불이 떨어졌으니 어쩌겠는가? 그렇다고 미국에 있는 아들에게 연락할 수도 없었다. 전주 Y씨에게 연락을 했다. 마침 전화를 받았다. 만능해결사 Y씨는 단골여행사의 협조를 얻어서 바로 해결해 주었다. 얼마나 고마웠는지 모른다. 하마터면 가방을 찾아서 미국이 아니라 전주로 돌아갈 뻔했으니 말이다. 공항 2층으로 내려가면 컴퓨터가 있다고 했지만 내 귀에는 그 말이 들어오지도 않았다. 미국 나들이의 첫 복병은 Y씨의 도움으로 무난히 해결할 수 있었다. 가방 세 개를 부친 다음 스마트폰 서비스센터로 찾아가서 내 스마트폰을 차단해달라고 신청했다.

출국 시간까지 여유가 있어서 여기저기 공항구경을 했다. 자주 와 본 곳이긴 하지만 변화는 눈에 띄었다. 지금까지의 해외여행은 모두 패키지여행이어서 인솔자와 가이드가 있으니 크게 어렵지 않았다. 그러나 이번 미국나들이는 우리 부부가 찾아가야 하니, 일본 나리타공항에서 샌디에이고 행 비행기로 환승할 일이 은근히 걱정이었다.

인천공항을 출발한 JAL기가 2시간쯤 날더니 나리타공항에 닿았다. 여객기 안에서 미모의 여승무원에게 샌디에이고 행 비행기를 몇 번 게이트에서 환승해야 하느냐고 물었다. 우리가 비행기에서 내려 나리타공항 검색대에 이르자 그 승무원이 한국인 근무자를 대기시켜 우리에게 소개해 주는 것이었다. 그녀의 도움으로 손쉽게 샌디에이고 행 게이트 번호를 알 수 있었다. 참으로 친절한 승무원이었다. 마음씨도 얼굴 못지않게 예쁘구나 싶었다.

해외 나들이 때마다 느낀 일이다. 나는 언제나 에코노미 클래스를 벗어나 비즈니스 클래스 승객이 되나 부러웠다. 비즈니스클래스 승객은 언제 어디서나 대접이 융숭하다. 비행기에 탈 때도 먼저 태우고, 좌석도 훨씬 편하며, 승무원들의 서비스도 좋다. 그런 꿈을 버리지 않았지만 나는 지금까지도 비행기를 탈 때는 언제나 에코노미 클래스다.

비행기 안에서 시시때때로 카카오톡으로 여러 나라에 흩어져 사는 친지들에게 소식을 주고받을 수 있어서 여간 편리하지 않다. 전화사용료도 내지 않고 문자를 주고받으니 얼마나 좋은가? 나리타공항을 출발하여 기내식으로 빈 배를 채우고 자다 깨다 시간을 보냈더니 최종 목적지인 미국의 샌디에이고공항에 도착했다. 나리타공항에서도 비가 내렸는데 샌디에이고 공항에도 비가 내리고 있었다.

출국신고를 마치고 짐을 찾아 밖으로 나가니 보고 싶은 작은아들 창수가 우리를 기다리고 있었다. 8년 만에 만난 아들의 모습은 늠름해 보였다. 빼빼할 줄 알았는데 얼굴에 살이 도톰하게 붙은 걸 보니 안심이 되었다. 며느리가 제대로 끼니를 잘 챙겨 준 것 같아 흐뭇했다.

아들의 차에 짐을 싣고 며느리와 손자손녀가 기다리는 아들네 집으로 달렸다. 미국에서 가장 살기 좋은 도시라는 샌디에이고의 널따란 도로를 달려 아들의 집이 있는 주택가 카멜 밸리(Carmel Vally)를 찾았다. 조용한 주택가 2층 집 앞에 차가 멎었다. 처음 본 아들네 보금자리였다.

인천공항이나 나리타공항 그리고 샌디에이고공항은 어느 곳이나 인종전시장이었다. 흰 사람, 노란사람, 검은 사람들이 어우러져 활동하는 공동체였다. 턱수염을 기른 사람들이 왜 그리도 많은지, 그게 유행인 것 같았다. 그런 사람들 중에는 나보다 훨씬 더 배가 튀어나온 사람들이 많았다. 그런 사람들이 눈에 띌 때마다 나는 아내에게 낮은 목소리로 들려주었다.

"내 배는 배도 아녀!"

한국에서 많은 사람들이 나에게 임신 몇 개월이냐, 뱃살 좀 빼라 등 다양한 충고들을 했지만 넓은 세계로 나오니 나보다 배가 부른 사람들이 훨씬 더 많아 다행이었다.

(2014. 1. 15.)

샌디에이고의 첫날

— 미국여행기 ②

미국의 서부 해안도시인 샌디에이고에는 그날 비가 내리고 있었다. 샌디에이고공항의 활주로가 눅눅하게 빗물에 젖었다. 8년 만에 아들을 만나게 된 우리 부부가 흘려야 할 기쁨의 눈물을 하느님이 대신 흘려 준 것일까?

공항에서 짐을 찾아 밖으로 나갔더니 작은아들 창수가 기다리고 있었다. 오랜만인데도 마중 나온 사람들 중에서 금방 아들을 찾을 수 있었다. 우리는 반갑게 손을 맞잡았지만, 무슨 이야기부터 해야 할지 말이 나오지 않았다.

"김 박사, 수고했어. 박사학위 취득을 축하해!"

이 밖에 달리 더 할 말이 없었다. 아들의 승용차에 세 개의 묵직한 가방을 싣고 공항을 떠났다. 배가 고파서 가다가 점심식사를 하고 가자고 했더니 가까운 '시온 마트' 주차장에 차를 세웠다. 엄청나게 커 보이는 이 '시온 마트'는 한국인이 운영한다는 것이었다. 뿌듯했다. 우리 세 사람은 우거지탕 한 그릇과 곰탕 두 그릇을 시켰다. 한국인이 운영하는 마트에서 한국음식을 먹고 나니 미국에 왔다는 기분이 들지 않았다. 샌디에이고에서의 첫날은 이렇게 깊어가고 있었다.

우리 부부는 두툼한 방한복 차림으로 샌디에이고에 도착했다. 그런데 그곳 날씨는 겨울답지 않게 포근했다. 우리나라의 초가을 날씨 같았다. 30여 분만에 승용차는 샌디에이고 시 조용한 주택가 낙타계곡[camel valley] 어느 2층 주택 앞에 멎었다. 그 집이 지난여름에 이사를 온 아들네 집이었다. 네 식구가 살기엔 큰 집 같았다. 두리번거려 보았더니 여기저기 꽃이 피어 있었다. 봄인지 겨울인지 헷갈렸다. 그래서 샌디에이고란 도시가 미국에서 가장 살기 좋은 곳이라고 한 것일까?

집안으로 들어가자 기다리던 며느리와 손녀가 반갑게 맞아 주었다. 여섯 살짜리 손자 동윤이는 학교에 가고 없었다. 오후 3시 반쯤 며느리는 차를 몰고 가서 손자를 데려왔다. 미국의 젊은 주부들은 한국과는 달리 바쁘게 산다고 들려주었다. 한국에서는 아이들을 유치원이나 학원에 보낼 때도 스쿨버스를 태워 보내면 되지만, 미국에서는 엄마들이 데려다 주고 때맞추어 데리러 가야 한단다. 그러니 미국의 젊은 엄마들은 잠시도 쉴 틈이 없다는 것이다.

손자는 집에 오자 넙죽 엎드려 우리 부부에게 큰절을 했다. 네 살 난 손녀 윤서도 오빠 흉내를 냈다. 미국에서 태어났지만 한국식 큰절을 잘 했다. 둘째며느리가 잘 가르친 것 같아 기뻤다. 반갑게 담소를 나누다 2층으로 올라갔다. 며느리는 동윤이 방을 3주 동안 우리가 사용하도록 배려해 주었다. 아들은 그 방에 노트북 컴퓨터를 설치했는데 키보드에는 영어 알파벳만 있을 뿐 한글표기가 없었다. 아들은 흰 종이에 한글 키보드를 그려주었다.

우선 e-mail을 열어보고 필요한 자료를 검색한 뒤, 집안 구석구석을 둘러보았다. 2층엔 네 개의 방과 화장실 두 군데가 있었다. 1층엔 거실과 휴게실, 식당, 주방, 텔레비전 모니터실, 화장실 등이 있었다. 집밖으로 나가 보니 뒷마당과 앞마당도 있었다. 온 동네가 조용한 주택가였다. 그 동네엔 식당이나 슈퍼마켓 같은 상점이 한 군데도 없었다.

잠자리에 든 뒤 새벽 네 시쯤 되었을까? 손자가 "목이 아파요!" 하며 방문을 열고 들어왔다. 감기기운이 있는 모양이었다. 손자를 이부자리 속으로 들어오라고 했다. 손자는 곧 새근새근 잠에 빠졌다. 손자와 나란히 같은 침대에 누워서 잠을 자다니, 꿈만 같았다. 행복했다. 제 방을 빼앗긴 손자는 잠자리가 바뀌자 일찍 잠이 깬 모양이다.

새벽 6시쯤 되었을까? 잠이 깬 손자는 배가 고프다며 계란 후라이가 먹고 싶다고 했다. 나는 손자의 손을 잡고 1층 주방으로 내려갔다. 다른 식구들이 깰까봐 발소리가 나지 않도록 살금살금 걸었다.

나는 주방장 보조가 되어 주방장인 동윤이가 시키는 대로 필요한 것을 찾아주는 임무를 맡았다. 냉장고에서는 계란을 꺼내고, 오른쪽 높은 찬장에서는 소금을, 왼쪽 아래 찬장에서는 올리브기름을 꺼내주었다. 동윤이는 가스 불을 켜고 후라이팬을 올려놓더니 어느 정도 뜨거워지자 기름을 뿌리고 계란을 깨뜨려 부었다. 계란은 지글지글

익어가고 있었다. 샌디에이고를 찾은 첫날, 나는 주방장 보조가 되어 배고픈 손자가 계란 후라이를 먹을 수 있도록 도와주었다. 미국에서 태어난 손자이기 때문에 빵으로 고픈 배를 채우면 되려니 생각했는데 그게 아니었다. 그 손자의 몸속엔 역시 한국인의 피가 흐르고 있음을 알 수 있었다.

작은아들네 식구들과 한 지붕 아래서 한 솥밥을 먹으며 동고동락의 새로운 생활이 시작되었다. 우리 부부는 아들네 가족과 더불어 처음으로 공동생활 실습에 들어간 것이다. 이러한 실험이 성공적이라고 판단되면 기회를 보아서 큰아들이나 딸네 집에 가서도 이런 공동생활을 시도해 볼 요량이다.

(2014. 1. 16.)

필라델피아에서 만난 고향친구

— 미국여행기 ③

미국 땅을 밟으니까 필라델피아에 사는 고향친구 생각이 났다. 초등학교 동창인 김형주, 그 친구가 작년 귀국했을 때 전주에서 만나 소주를 마시며 옛이야기를 나눈 적이 있었기 때문인지도 모른다. 아니 그것만도 아니다. 작은아들 창수가 펜실베니어 주 피츠버그 시에 살며 카네기 멜론대학에서 박사과정 공부를 할 때 두 번이나 그 친구 집을 찾아가서 쉬었던 적이 있었다. 특히 두 번째는 둘째를 임신한 며느리가 입덧하느라 고생할 때 그 친구부인이 묵은 김치를 먹여서 입덧이 가셨다고 했다. 또 그 친구 내외가 손자 동윤이를 어찌나 귀여워했는지 어린 손자조차도 그 필라델피아 할아버지와 할머니를 기억하고 있었다. 이번 우리 부부까지 그 친구를 찾았으니 우리 집안의 3대가 그 친구내외의 신세를 진 셈이다.

작은아들에게 필라델피아 행 비행기표를 예약하라고 했다. 아들은 그 친구와 전화로 연락하며 4박5일 일정의 계획을 짜고 비행기표를 예약했다. 경비는 무려 119만원. 비용이 많아서 나 혼자 갈까 생각하다가 처음 미국 땅을 밟은 아내에게 미국 동부를 구경시켜 주는 것도 좋을 것 같았다. 더구나 필라델피아는 미국 독립당시 수도로서 유서 깊은 도시가 아닌가? 그런 도시를 구경시켜 주는 것도 의미가 있으려니 싶었다.

미국에서는 텔레비전 뉴스도 보지 않고, 신문도 읽지 않으니 바깥 소식은 캄캄했다. 나중에 귀국하여 들으니, 내가 필라델피아에 갈 무렵, 미국 동부가 폭설과 한파에 휩쓸렸다는 뉴스가 한국의 신문과 방송의 톱뉴스였다는 것이다. 나이아가라폭포가 얼어붙었다고도 했고. 나는 친구와의 통화로 뉴욕과 보스턴공항이 폐쇄되었다는 소식을 알고 있었다.

샌디에이고에서 필라델피아까지는 비행기로 5시간거리인데도 도중에 미네아폴리스공항에서 비행기를 바꾸어 타야 했다. 드디어 1월 3일 오후 샌디에이고공항에서 델타항공에 올랐다. 국내선이어서 그런지 승무원들도 나이가 지긋한 아주머니들이었다. 도중 환승지인 미네아폴리스공항에서는 출발이 세 시간 가까이 늦어졌다. 다른 지역에서 오는 여객기 승객을 태우고 출발해야 하기 때문이었다. 눈 때문에 다른 여객기 도착이 늦어진 탓이다.

필라델피아공항에 도착한 것은 자정이 훨씬 지난 뒤였다. 짐을 기다리다가 마중 나온 친구를 만났다. 얼마나 반가웠겠는가? 친구 차에 가방을 싣고 눈길을 달려 친구의 집에 도착하니 새벽 3시였다. 그날 필라델피아에는 18cm의 눈이 내렸다던가?

내 친구 김형주는 연안김씨 8대 종손이다. 비록 미국에서 이민생활을 하지만 종손이란 의식이 늘 그 친구의 머리를 지배하고 있다. 우리나라에서도 잘 나가던 그 친구가 미국이민을 결심하기까지는 여동생의 영향이 컸다고 한다. 메디컬센터 간호사 출신인 여동생이 미국유학을 갔다가 그곳에서 배우자를 만나 눌러앉아 자리를 잡으면서, 친정어머니와 오빠를 초청했다는 것이다. 그 친구의 나이 43살 때의 일이다.

고민 끝에 7만 달러를 들고 아내와 1남1녀를 데리고 필라델피아에 도착한 것은 1985년 7월 30일. 그때부터 파란만장한 그 친구의 이민생활은 시작되었다. 이민자 누구나 그렇듯, 그 친구 역시 바닥 생활부터 하지 않을 수 없었을 것이다. 때때로 그 친구는 '울려고 내가 왔던가'란 유행가를 부르며 자신의 처지를 달랬을 것이다. 그렇게 고생을 하면서 자리를 잡았고 생활도 안정되었단다. 그 친구의 아내 한상례 여사는 지금도 옷가게를 운영하고 있다. 자녀들은 아직까지 결혼을 하지 않았지만, 딸은 중국인 청년과, 아들은 독일 처녀와 결혼할 것이라고 했다. 다문화가정을 이루게 되었다고나 할까? 남의 일 같지 않았다. 내게도 미국에서 태어난 손자와 손녀가 있으니까.

한상례 여사는 우리 부부를 위해 끼니때마다 색다른 음식을 내놓았다. 홍어탕, 조기탕, 광어탕, 미역국을 맛보여 주었고, 삶은 소 혓바닥을 싱싱한 상추에 싸먹을 수 있게 해 주었다. 또 우리나라에서도 먹어보지 못한 돼지감자 장아찌는 별미였다. 친구네 식탁은 한국의 밥상이나 다를 바 없었다. 친구는 애주가인 나를 대접하려고 미리 소주와 맥주를 한 박스씩 그리고 양주까지 준비했고, 쇠고기도 사두었단다. 그런데 둘째아들이 술과 고기를 대접하지 말라고 신신당부하는 바람에 나는 소주 한 잔 마실 수 없었다. 물만 마시며 대화를 나눌 수밖에 없었다.

필라델피아를 방문한 다음날, 우리는 두어 시간쯤 달려서 애틀란타 시로 갔다. 겨울바다를 볼 수 있었다. 간헐적으로 밀려오는 파도의 속삭임을 들을 수 있어서 좋았다. 우리는 눈길을 걸으며 바닷가를 산책하다가 타지마할 카지노로 들어갔다. 카지노장은 넓고 화려했다. 라스베가스 카지노나 다를 바 없었다. 우리도 재미로 카지노를 시작했다. 선무당이 사람을 잡는다더니 내가 손가락으로 터치를 하자 돈이 조금씩 불어나기 시작했다. 무려 5,900까지 올라갔다. 대박이 터진 줄 알고 종업원을 불러 물어보니 그게 달러나 센트가 아니라 페니라는 것이었다. 숫자가 5,000으로 내려오자 그만두고 현찰로 돌려받았다. 50달러를 딴 것이다. 내가 카지노에서 외화벌이를 한 셈이다.

셋째 날, 우리는 필라델피아박물관을 찾았다. 박물관 앞 광장에는 칼을 휘두르며 금방 적진으로 달려갈 것 같은 말 탄 장수의 동상이 있었다. 설명문을 읽어 보니 미국의 초대 대통령 조지 워싱턴이었다. 그 워싱턴이 대통령으로서 집무할 때는 필라델피아가 미국의 수도였다. 필라델피아박물관에서는 Re'ger특별전이 열리고 있었다. 날씨는 차갑고 눈보라가 휘날리는데도 박물관에는 많은 사람들로 붐비고 있었다. 아시아관에는 중국관과 일본관, 한국관이 있었는데 한국관의 전시물은 빈약하여 아쉬웠다.

넷째 날에는 독립운동가 서재필 박사의 유적을 둘러보기로 했다. 그 내용을 잘 아는 이봉운 선생(74) 내외를 만났다. 광주에서 이민 오신 분이었다. 서재필기념관엔 들르지 못하고 장미공원에 세워진 서재필기념비를 찾았다. 이은상 시인이 비문을 짓고 서예가 일중 김충현 선생이 비문을 썼다고 기록되어 있었다. 그 비석 앞에서 기념사진을 찍었다.

이봉운 선생이 가까운 자기 집에 가서 커피를 한 잔 하자고 하여 따라갔다. 이민 올 때 데리고 온 아들형제는 피츠버그에 있는 카네기 멜론대학을 졸업하고 뉴욕과 필라델피아에서 좋은 직장에 다니고 있다고 자랑했다. 카네기 멜론대학은 미국의 3대 공대 중 하나이기 때문에 그 대학 졸업생은 기업체에서 서로 데려간다고 들려주었다. 무척 자랑스러운 표정이었다.

필라델피아에서의 4박5일은 눈(雪)과 추위와의 전쟁이었다. 그런 상황에서 우리 내외를 보살펴 준 친구 내외가 한 없이 고마웠다. 고향친구란 그래서 좋은 것이려니 싶었다. 우리가 필라델피아를 떠나던 날도 그곳 날씨는 섭씨 영하 16도였다. 날씨는 영하의 추운 겨울인데도 고향친구의 우정은 뜨거운 삼복더위였다.

(2014. 1. 22.)

여기는 미국 샌디에이고

—미국여행기 ④

공교롭게도 나는 겨울에만 미국을 찾는다. 두 번 다 그랬다. 이번에도 12월 19일 미국으로 출국하여 3주일 동안 샌디에이고에 머물렀으니 계절로는 깊은 겨울이었다.

미국 서부 샌디에이고는 겨울이지만 기온이 20℃도 안팎이어서 우리나라의 가을 날씨 같았다. 바닷가에 가보니 반바지에 반팔 티셔츠를 입고 활보하는 사람들이 많았고, 바다에서 물놀이를 하는 이들도 눈에 띄었다. 그곳에서는 눈을 구경할 수도 없고, 가끔 비가 내리는 게 고작이라고 했다. 고향친구를 만나러 필라델피아에 가지 않았더라면 미국의 눈 구경도 못하고 추위도 맛보지 못할 뻔했다.

나는 인천국제공항에서 출국하기 전 스마트폰 차단을 신청했었다. 그런 조치를 하지 않고 미국에 가서 전화벨이 울릴 때마다 전화를 받거나 문자 메시지를 마구 열어보면 귀국하여 엄청난 전화요금을 물어야 한다기에 그런 것이다. 문명의 이기를 마음대로 활용할 수 없다는 게 아쉬웠지만 어쩔 수 없는 일이었다. 그래도 다행인 것은 카카오톡을 자유로이 활용할 수 있어서 좋았다.

카카오톡 '3남매 사랑방'에 수시로 나의 근황을 올렸다. '방금 비행기 인천공항 이륙', '나리타공항 도착', '태평양 상공 비행 중', '지금 기내식 배식 중', '샌디에이고공항 랜딩 중' 이런 간단한 정보를 수시로 띄웠다. 한국에 있는 큰아들과 딸 그리고 미국에 사는 작은아들이 수시로 점검하여 나의 일거수일투족을 파악할 수 있었을 것이다. 비행기 안에서도 제약을 받지 않고 수시로 소식을 주고받을 수 있으니 카카오톡은 참 편리한 기기였다. 더구나 무료이니 얼마나 좋은가?

나는 둘째아들 집에서도 수시로 친지들에게 카카오톡으로 안부를 전했다. 그러던 어느 날, 내 스마트폰 벨이 울렸다. 미국에 도착해서는 처음 듣는 벨소리였다. 무심결에 받아보니 할머니 수필가 정원정 선생의 목소리였다. 전북도민일보 신춘문예 수필부문에 당선했다는 기쁜 소식이었다. 이야기가 길어지자 아들과 며느리는 전화요금이 올라간다면서 전전긍긍하는 모습이었다. 그러나 나로서는 전화요금이 문제가 아니었다.

나는 지난해 날마다 새벽에 기도를 했었다. 문하생 중에서 꼭 신춘문에 당선자가 나오도록 해달라고 간구했던 것이다. 그 기도가 결실을 거뒀다는데 그까짓 전화요금이 대수인가? 더 놀라운 것은 80대 후반의 할머니가 신춘문예에 응모하여 당선된 것은 과문한 탓인지 모르지만 신춘문예 사상 처음 있는 일이 아닌가 싶다. 경사가 아닐 수 없었다.

이번 정원정 할머니의 신춘문에 당선은 문하생으로서는 네 번째 경사다. 김재희 수필가가 전북일보에서, 이주리 수필가가 경남신문에서, 이은재 수필가가 동양일보에서 당선했기 때문이다. 전화를 끊고 나니 하늘을 날 것 같은 기분이었다.

나의 이번 미국여행은 휴가다. 어린 손자손녀들과 놀며 조손친교祖孫親交를 하러 미국을 찾은 것이다. 손자손녀들은 내 무릎에 앉거나, 어깨를 기어오르는 등 귀찮게 굴었다. 그러나 결코 싫지가 않았다. 서울에 사는 친손자 남매나 외손자 형제들은 이렇게까지는 한 적이 없었다. 미국에서 태어난 손자손녀들이어서 더 친근감이 느껴졌을까?

문하생들의 수필이 메일로 배달되었다. 미국에 온 줄 알면서도 첨삭지도를 부탁한 것이다. 작은아들이 노트북을 설치해 주었지만 키보드엔 한글 표기가 없어 활용하기가 어려웠다. 아들이 한글표기가 된 키보드를 그려 주었다. 나는 그것을 참고로 하여 더듬더듬 첨삭작업을 할 수 있었다. 내가 지금 이 작업을 하지 않고 귀국하면 엄청난 일거리가 쌓이게 될 것이다. 결국 내가 할 일이니 더 이상 미룰 수가 없었다.

내가 컴퓨터에 매달리자 작은아들은 미국까지 오셔서 컴퓨터에 매달리느냐고 불만을 토로했다. 손자손녀들과 더 추억을 쌓고 귀국하라는 것이었다. 그것도 맞는 말이다. 아들 눈치를 보아 가면서 깊은 밤에 첨삭작업을 하여 메일로 보내주었다. 그랬더니 어떤 수강생은 벌써 귀국했느냐고 묻기도 했다. 그래서 나는 '여기는 미국 샌디에이고'라고 덧붙여주었다. 첨삭작품이 한 편 두 편 배달되자 미국에서도 첨삭지도가 가능하구나 싶었는지 작품이 계속 들어왔다. 나는 휴가 중에 머나먼 미국에서도 꾸준히 첨삭지도를 할 수밖에 없었다. 그리하여 수필지도 13년 만에 '미국에서의 첨삭지도'라는 새로운 기록을 세우게 되었다.

아들은 나에게 컴퓨터중독인 것 같다고 했다. 그럴지도 모른다. 나는 수필지도를 하면서부터 컴퓨터 앞에서 보내는 시간이 많아진 게 사실이다. 그러나 거기에서 보람과 자부심을 느끼고 있으니 어쩔 것인가? 나는 게임에 빠지거나 야한 동영상을 감상하느라 컴퓨터에 시간을 빼앗기는 게 아니라 생산적인 일에 몰두하니 오히려 떳떳할 뿐이다. 컴퓨터는 내가 수필을 지도하는데 없어서는 안 될 동반자인 걸 어쩌겠는가?

(2014. 1. 23.)

샌디에이고에서 만난 미드웨이항공모함

—미국여행기 ⑤

샌디에이고 시는 미국의 서해안 캘리포니아 주 최남단의 도시로서 로스앤젤레스 시 다음 가는 제2의 도시다. 기후는 일 년 내내 온화하고 강우량이 적어서 관광과 야외 스포츠가 성행하는 곳이다.

멕시코 접경이어서 멕시코의 값싼 노동력을 이용한 하이테크 중심의 산업도시로 발전했고, 앞으로도 성장이 기대되는 도시다. 산업도시인데도 굴뚝산업이 아니어서 공기는 맑고 도시는 깨끗했다. 미국에서 가장 살기 좋은 도시라는 이야기가 결코 허튼 소리만은 아닌 것 같았다.

샌디에이고 시 포트빌리지에는 거대한 항공모함이 정박하고 있다. 이른바 미드웨이호다. 그 항공모함은 미국의 해군도시 샌디에이고가 해군의 베이스캠프임을 알려주는 대표적인 상징물이기도 하다.

5대양 6대주를 누비며 세계를 지배하던 미드웨이항공모함의 위용을 볼 수 있어서 좋았다. 이 항공모함 때문에 샌디에이고는 관광객들의 눈길을 끄는 새로운 관광명소가 되었다. 이 미드웨이함은 나이가 나와 동갑이다. 내가 정년퇴직을 했듯이 이 미드웨이함도 퇴역하여 지금은 미드웨이박물관(USS MIDWAY MUSEUM)으로서 이모작 삶을 살며 세계인들에게 볼거리를 제공하고 있다.

이 미드웨이함은 1943년 8월 27일 건조되어 1945년 3월 세계 제2차 대전 막바지에 참전했고, 베트남전 때는 월남의 패전민들을 미국으로 실어 나르기도 했었다. 반세기 동안 혁혁한 전공을 세우고 퇴역한 미국의 자랑스러운 해군함정이다.

미드웨이함은 무게가 6만 9천 톤이고, 길이가 296m이며, 최상단 갑판의 면적은 4.02에이커이고, 최대시속은 33km다. 이 함정의 승조원은 4천5백 명이었다니 그 규모를 알만하다. 이 미드웨이항공모함에는 6백 명의 기술자를 포함해서 225명의 요리사, 2백 명의 비행기 조종사 등이 근무하고 있었는데, 하루에 먹어치우는 음식의 양이 무려 10톤에 이르렀다고 한다. 참으로 어마어마한 규모가 아닐 수 없다.

미드웨이함의 격납고 밑으로 내려가니 이 배에 승선했던 군인들의 생활공간이 있었다. 사병과 장교식당을 비롯해서 세탁소, 이발소, 숙소, 휴게실, 기념품 샵 등 모든 편의 시설이 다 갖추어져 있었다. 곳곳에 밀랍인형들이 설치되어 있어서 실제로 배에서 생활하는 것 같은 착각이 들 정도였다.

또 이 배에는 전투기와 수송기 및 헬리콥터가 80여 대나 진열되어 있어 위용을 자랑했다. 이 미드웨이함은 걸프전을 마지막으로 1992

년 46년 만에 퇴역했고, 2004년에 미드웨이박물관으로 개관하여 관광객들에게 함정의 알몸을 속속들이 보여주고 있다. 입장료는 어른 18달러, 62세 이상의 시니어 15달러, 퇴역군인과 6~17세 청소년 10달러, 5세 이하의 어린이는 무료다.

축구장보다도 훨씬 넓은 미드웨이호 갑판에 오르니 지금도 전투기와 수송기 및 헬리콥터가 즐비하게 전시되고 있었다. 어떤 전투기와 헬리콥터는 관광객들이 조종석으로 올라가 기념사진을 찍을 수도 있었다. 나도 손자손녀들과 조종석으로 올라가서 기념사진을 찍었다. 그 순간만큼은 고희를 넘긴 나도 동심으로 돌아갈 수 있어 즐거웠다. 특이한 것은 제2차 세계대전 때 참전용사들이 자원봉사자로 나와서 관광객들에게 그 당시 상황을 설명해 주는 모습이 인상적이었다.

미드웨이함 갑판에서 바라본 태평양은 한없이 넓었다. 물빛은 푸르고 파도는 잔잔했다. 마치 푸른색 담요를 깔아놓은 것처럼 포근해 보였다. 갈매기들은 끼룩끼룩 소리를 지르며 쉼터를 찾아 날아다니고 있었다. 해가 뉘엿뉘엿 저물어가는 평화로운 석양 무렵의 정경이 무척이나 아름다웠다. 바닷바람에 실려 온 바다냄새는 어항漁港과는 달리 비릿하지 않아 좋았다.

미드웨이박물관은 인종전시장이었다. 흰둥이, 검둥이, 노란둥이들이 어우러져 박물관 구석구석을 둘러보기 바빴다.

미드웨이박물관이 자리 잡고 있는 샌디에이고 시 포트 빌리지는 샌디에이고 만灣의 공원과 상점, 음식점 등을 갖춘 위락단지慰樂團地다. 유럽풍의 건물과 멕시칸 스타일의 건물들이 조화를 잘 이루고 있으며, 태평양과 함께 펼쳐져 있어서 주변 경관이 무척 아름다웠다. 퇴역한 이 미드웨이호가 박물관이 아니라 호텔로 바뀌었더라면 얼마나 좋았을까. 그랬더라면 그 배에서 며칠 머물면서 더 많은 추억을 만들 수 있었을 텐데….

5대양 6대주를 누비며 천하를 지배했던 미드웨이항공모함이 현역에서 물러나 미드웨이박물관으로 변신한 모습을 보니, 마치 정글을 주름잡던 맹수猛獸가 푸른 초원에서 노니는 온순한 양으로 변한 것 같았다. 어린 손자와 손녀에게 미드웨이항공모함의 추억을 심어 줄 수 있어서 즐거웠다. 상전벽해桑田碧海란 이런 걸 두고 이르는 말이 아닐까?

(2014. 1. 31.)

3주일 동안의 동거

—미국여행기 ⑥

이번 미국여행은 3주일간의 긴 여정이었다. 지금까지의 해외여행 중 가장 긴 기간이었다. 고향친구를 찾아가서 함께 보낸 4박5일의 필라델피아 여행을 제외하고는 작은아들네 식구들과 함께 동고동락한 나날이었다.

라스베가스 아리아호텔(Aria Hotel)에서 보낸 2박 3일 여행은 둘째아들네 식구들과의 동행이었다. 캘리포니아 주 샌디에이고에서 네바다 주 라스베가스까지는 승용차로 무려 4시간이나 걸린 장거리 여행이었다. 광막한 사막을 달리는 기분은 그렇게 유쾌하지가 않았다. 미국이란 나라는 왜 이렇게 넓은 땅을 그냥 놀리고 있을까? 미국의 힘으로도 이 땅을 옥토로 바꿀 수 없단 말인가?

나는 이번에 손자에게 주려고 윷과 팽이, 줄넘기, 제기 등 여러 가지 전통놀이기구를 준비했었다. 줄넘기와 제기는 아직 손자가 어려서 제대로 사용할 수 없었지만, 팽이와 윷놀이는 가르쳐 주니 흥미를 느끼는 것 같아 기뻤다. 틈만 나면 자주 함께 놀았다. 2013년 12월 31일 밤엔 가족이 모두 세 사람씩 편을 갈라 윷놀이를 즐겼다. 손자 동윤이가 선전善戰하는 바람에 동윤이 팀이 이겼다.

2014년 새해 새아침이 밝았다. 손자와 손녀는 내가 가져다 준 한복을 곱게 차려입고 우리에게 세배를 했다. 우리 부부는 덕담을 한마디씩 해 주면서 달러로 세뱃돈을 주었다. 달러로 세뱃돈을 준 것은 이번이 처음 일이다. 아이들은 세뱃돈을 바로 제 저금통에 넣었다. 한국이나 미국이나 아이들의 세뱃돈 관리방식은 다르지 않았다.

늘 내 곁에서 맴도는 동윤이에게 노트북을 열고 윤항기의 '나는 행복합니다'란 노래를 들려주었다. 몇 번 듣더니 바로 따라 부르기도 했다. 동윤이는

> 나는 행복합니다. 나는 행복합니다. 나는 행복합니다. 정말정말 행복합니다.

이 노래의 서두를 소리 내어 부르곤 했다. 내가 한국으로 떠난 뒤에도 이 노래를 즐겨 불렀으면 좋겠다는 생각이 들었다.

샌디에이고는 태평양을 끼고 있는 해군도시다. 항공모함 미드웨이호가 퇴역한 뒤 미드웨이박물관으로 변신하여 관광객을 불러 모으고 있는 곳이 바로 샌디에이고다. 바닷가 해수욕장을 세 군데나 들러 보았다. 겨울인데도 기온이 섭씨 20도 전후이니 마치 가을 날씨 같았다. 그런데 바닷가에서는 반바지에 반팔 티셔츠를 입고 다니는 사람

들이 많이 눈에 띄었고, 바다에서 물놀이를 즐기는 사람들도 있었다. 4계절이 뚜렷한 대한민국에서 살다온 나는 샌디에이고의 날씨를 이해할 수 없었다.

작은아들네 집은 샌디에이고 시 낙타계곡(Camel Valley)에 있었다. 식당이나 슈퍼마켓 하나 없는 조용한 동네였다. 샌디에이고가 미국인들이 살고 싶어 하는 도시라는 이야기를 들었지만, 내가 사는 전주 우리 동네 안골이 더 좋다는 생각을 했다. 문만 열면 음식점과 가게, 마트 등이 즐비하고, 갖가지 금융기관이 널려 있으며, 동사무소와 우체국 등 필요한 관공서가 가까운 우리 동네가 얼마나 살기 좋은 곳인가? 역시 놀던 방죽이 좋을 수밖에 없었다.

나는 이따금 오후 4시쯤이면 손자와 더불어 산책을 나가곤 했다. 손자는 어떨 땐 자전거를 타고 갔고, 때로는 맨손으로 걷기도 했다. 걷다가 경치가 좋거나 아름다운 꽃이 핀 곳에서는 스마트폰으로 사진을 찍어주었다. 그러나 동네 집들의 겉모습이 비슷비슷하다 보니 언젠가는 길을 잃고 헤맨 적도 있었다. 이 동네는 부유해서 그런지 집집마다 차가 두 대씩이었다. 어떤 차인지 살펴보니 일본의 도요타가 여섯 대라면 혼다가 두 대 그리고 독일의 폭스바겐과 미국의 포드 자동차 순이었다. 우리나라의 현대나 기아차는 가뭄에 콩 나기처럼 드물었다. 대형 주차장에서 살펴보아도 그 비율은 다를 바 없었다. 일본 자동차가 이처럼 인기를 끄는 이유는 고장이 잘 나지 않고, 중고차가 되더라도 높은 값을 받을 수 있기 때문이라고 했다. 도로에서나 주차장에서 한국산 자동차를 만나면 마치 고향 친구를 만난 듯 반가웠다.

우리 부부가 머무는 3주 동안 작은아들 내외는 무척이나 신경이 쓰였을 것이다. 3주가 3년처럼 힘들었을지도 모른다. 끼니때마다 메뉴를 바꿔가며 식탁을 차리고, 날마다 빨래를 하여 건조시키는 일도 쉬운 일은 아니었을 것이다. 또 내일은 어디로 모시고 가서 무엇을 보여드릴 것인가를 궁리하는 일도 쉽지는 않았을 것이다. 우리가 귀국한 뒤 아들과 며느리가 감기몸살을 앓았다니 미루어 짐작할 만하다. 고작 3주일 동안 함께 동거하는 일도 이렇게 어려웠는데 옛날 우리네 선인들은 3대 4대가 한 지붕 밑에서 평생 살았으니 얼마나 힘들었겠는가?

나는 미국을 떠나면서 아들과 며느리에게 미국에서 태어난 손자 동윤이와 손녀 윤서에게 우리말과 우리나라 예절을 잘 가르쳐서 한국인의 후손이라는 점을 일깨워 주라고 신신당부했다.

귀국 비행기를 타려고 샌디에이고공항으로 출발하기 전, 나는 작은아들네 집을 몇 번이나 돌아보며 쓰다듬어보곤 했다. 언제 또다시 찾아오게 될지 모르는 기약 없는 이별이었기 때문이다.

(2014. 2. 1.)

샌디에이고의 추억들

— 미국여행기 ⑦

받아놓은 귀국날짜는 성큼성큼 다가오고 있었다. 아직 둘러보고 싶은 곳이 많은데도 말이다. 처음엔 3주일의 미국여행이 긴 것 같았는데 손자손녀들과 어울려 놀다 보니 어느새 헤어질 날이 가까워지고 있었다. 조용히 눈을 감고 샌디에이고의 추억들을 떠올려 보았다.

도박의 도시 라스베가스에서 보낸 2박3일이 그립다. 샌디에이고에서 승용차로 4시간 반 만에 도착하니, 라스베가스는 뉘엿뉘엿 해가 저물고 있었다. 라스베가스는 낮보다 밤이 훨씬 더 아름다운 도시다. 라스베가스 올드타운의 전구쇼電球Show는 화려하기 짝이 없는 볼거리다. 그런데 그 전구들이 우리나라 LG전자의 제품이라니 얼마나 자랑스러운가?

라스베가스는 미국의 네바다 주 사막에 있는 대표적인 관광도시다. 라스베가스는 호텔의 도시라 해도 지나친 말이 아니다. 또 그 호텔들이 저마다 쇼를 보여주어 관광객들의 발길을 붙잡는다. 또 큰 호텔들은 거의가 카지노를 열고 있어 이채롭다.

라스베가스를 찾으면 유명한 3대 쇼 중 한두 가지는 감상해야 한다. 그곳에서 알아주는 3대 쇼라면 벨라지오 호텔의 오 쇼(O Show)와 MGM호텔의 카 쇼(Ka Show) 그리고 윈 호텔의 르 레브쇼(La reve show)를 들 수 있다. 우리 부부는 며느리의 안내로 벨라지오 호텔(Bellagio Hotel)의 오 쇼를 감상했다. 약 1시간 30분 동안 열린 그 공연은 수중곡예와 서커스가 잘 배합되어 감동적이었다. 연기자들의 연기력이 뛰어나서 손에 땀을 쥐게 했다. 올림픽 수영경기에서 금메달을 획득한 수영선수들이 모두 출연한 것 같았다.

그밖에도 오후 5시부터 밤11시까지 열리는 미라지호텔의 화산 쇼는 화산이 흘러내리는 듯 생동감이 넘쳤고, 에펠탑과 궁전들을 본뜬 호텔 앞에서 보았던 춤추는 분수 쇼는 조명 때문에 환상적인 아름다움을 보여주었다. 구경나온 관광객들 때문에 길거리는 발을 옮길 수 없을 정도였다. 그런 와중에서 수영복 차림의 미녀들은 관광객들과 함께 사진을 찍어주고 5달러씩 팁을 받기도 했다. 트레저 아일랜드 호텔에서 공연되는 해적 쇼는 인기가 높은 무료공연인데도 다른 공연시간과 중복되어 구경할 수 없어 아쉬웠다. 사막의 도시 라스베가스는 볼거리와 먹을거리, 놀거리가 푸짐한 도시였다. 점심시간에 상가 아울렛을 지나다 손자와 나는 CSI와 Lasvegas라고 새겨진 운동모를 하나씩 사서 쓰고 다녔다.

후버댐을 찾았다. 라스베가스에서 1시간 거리였다. 웅장하고 거대한 후버댐은 높이 221m, 길이 379m로서 콜로라도강을 멈추게 한

댐이다. 이 댐은 별로 볼거리는 없다. 그러나 후버댐은 이 댐 공사로 미국 경제가 살아난 뉴딜정책의 산물이다. 원래는 볼더잼이란 이름을 붙였는데, 1947년에 미국 41대 후버 대통령의 이름을 따서 후버댐이라 부르게 되었다고 한다. 석양 무렵에 그곳에 도착했는데 많은 관광객들이 구경하고 있었다. 그 댐 공사에 동원된 일꾼들 때문에 라스베가스란 도시가 새로 태어났다던가?

샌디에고로 돌아와서는 서울의 롯데월드와 비슷한 시 월드(Sea World)를 두 번이나 찾았다. 크리스마스 날에는 그곳 중앙에 세워진 스카이타워에 올랐다. 미션베이는 물론 샌디에이고의 경관을 한 눈에 볼 수 있었다. 또 물개 쇼를 감상하고 청룡열차도 탔다. 나흘 뒤에는 샤무 스타디움(Shamu Stadium)에서 범고래 쇼를 감상했다. 그 날 날씨가 맑았는데 비옷을 팔기에 왜 그러는가 했더니 큰 범고래 8마리가 물속에서 헤엄을 치면서 일부러 물장구를 치니 물벼락을 맞지 않으려면 관중들이 그 비옷을 입어야 했다. 이들 범고래들은 조련사들의 지시에 따라 공연을 하고나면 조련사들은 꼭 그 범고래들에게 고등어 한두 마리씩을 먹여주며 목덜미를 쓰다듬어 주었다. 범고래는 상어도 잡아먹는 바다의 왕이라는데 그런 범고래들이 옹색한 수족관 안에서 관광객들의 눈요기가 되고 있으니 얼마나 안쓰러운가?

샤무공연이 끝난 뒤 우리는 애완동물공연장(Pet's Stadium)으로 옮겼다. 그 공연장에서는 개와 고양이, 돼지, 오리 등 다양한 애완동물들이 출연하여 관중들을 웃겼다. 애완동물들의 재롱잔치였다. 말도 못하는 동물들이 얼마나 훈련을 받으면 저렇게 사람들을 웃기고 사람들의 박수와 탄성을 이끌어 낼 수 있을까? 5대양6대주에서 온 관광객들은 입으로 하는 말은 서로 다르지만 눈으로 보고 느끼는 점은 같아서 똑같은 순간에 웃음을 터뜨렸다. 이 시 월드(Sea World)는 샌디에고의 이름난 관광명소였다. 갈 때마다 관광객들이 엄청나게 몰려들었다.

나는 샌디에이고에 도착하면서부터 아들이 다니는 퀄컴(QUALCOMM)사와 손자가 다니는 학교에 가보고 싶었다. 드디어 2014년 1월 1일 기회를 얻었다. 오후에 아들은 우리 내외와 동윤이를 승용차에 태우더니 동윤이 학교부터 찾았다. 규모는 아주 작았다. 우리나라 유치원이나 다를 바 없었다.

이어서 퀄컴사에 들렀다. 넓은 대지에 자리 잡은 퀄컴사는 높은 빌딩이 보이지 않았다. 2~3층의 나지막한 건물들이 즐비했다. 작은아들의 근무처는 2층 조그마한 방이었다. 그 방에서는 아들이 말레이시아 출신 후배와 함께 일을 한다고 했다. 아들의 책상에는 컴퓨터가 한 대 놓여있고, 그 컴퓨터에는 조그만 노란 쪽지가 여러 개 나붙어 있었다. 나와 동윤이는 번갈아가며 아들의 의자에 앉아 기념사진을 찍었다. 감개무량했다. 작은아들이 컴퓨터공학박사 학위를 받고 이 자리에 앉기까지 오랜 세월 미국에서 그렇게 고생을 했단 말인가? 참으로 기분이 묘했다. 퀄컴사는 1985년에 창립된 무선전화통신연구개발회사라고 한다. 미국에서 가장 잘 나가는 회사로서 사원 숫자가 2만 명이 넘는다고 했다. 회사를 둘러보고 나니 작은아들이 더 믿음직스러워 보였다.

귀국준비를 하면서 돌이켜 보니 아쉬운 점이 있었다. 샌디에이고 동물원의 20배나 된다는 야생동물보호구역에 가보지 못해 섭섭했다. 그곳엔 260여 종 3,500마리가 넘는 동물들이 광대한 초원에서 방목되고 있어서 관광객들은 모노레일을 타고 다니면서 감상해야 한다는데, 다음 기회로 미룰 수밖에 없었다. 또 샌디에이고에 3주 동안이나 머물면서 안면이 있는 최미자 수필가 등 그곳의 수필가들을 만나지 못한 것도 참으로 아쉬운 일이었다.

(2014. 2. 4.)

미키 마우스

— 미국여행기 ⑧

거실의 탁자 위에는 미키 마우스 한 쌍이 서 있다. 언제 보아도 그 차림, 그 표정이다. 미키 마우스에 눈을 주면 미국이 보인다. 미키 마우스에 시선이 닿으면 로스앤젤레스와 디즈니랜드가 파노라마처럼 펼쳐진다.

테마 파크의 원조이자 미키 마우스로 유명한 디즈니랜드는 지금까지 영화나 텔레비전을 통해 너무도 잘 알려져 세계 모든 나라 사람들에게 친숙하다. 동화적인 꿈의 세계, 호기심과 모험심을 자극하는 요정의 놀이터, 인간이 상상할 수 있는 모든 오락을 즐길 수 있는 곳이 바로 디즈니랜드다. 디즈니랜드는 미국의 부富와 20세기 과학문명의 첨단기술이 어우러져 인간 내면의 꿈과 환상의 세계를 현실로 바꾸어 놓은 곳이다.

미키 마우스가 나를 바라보고 있다. 무엇인가 말을 꺼내려다 머뭇거리는 듯한 인상이다. 이 미키 마우스가 우리 집으로 보금자리를 옮긴 지도 벌써 여러 해가 지났다. 1980년대 후반, 2주일의 여정으로 미국의 동부와 서부를 돌아다니다 마침 디즈니랜드를 방문할 기회가 있었다. 그 때 기념품가게에서 1달러를 주고 산 것이 바로 이 미키 마우스 한 쌍이다. 키는 내 엄지손가락 크기보다 조금 작고, 몸무게는 탁구공보다 약간 무겁다. 수컷은 빨간색 바지 주머니에 두 손을 넣은 모습이고, 암컷은 빨간색 스커트 차림에 두 손을 앞으로 공손히 마주 잡은 단아한 모습이다. 둘 다 노란색 신발을 신고 있다. 암컷은 머리에 노란색 리본을 매달았다. 언제 보아도 귀엽고 앙증맞은 자태다.

이 미키 마우스를 보노라면 미국이 생각나고, 미국 여행길에서 보고 듣고 느꼈던 온갖 기억들이 추억의 창문을 열고 스멀스멀 기어나온다. 3박 4일을 구경해야 한다는 디즈니랜드를 한나절에 주마간산 식으로 둘러본 그 기억도 되살아난다.

미키 마우스는 쥐를 사람처럼 의인화한 형상이다. 그러나 말을 할 줄 아는 것도 아니고, 생쥐처럼 찍찍거리며 소란을 피우지도 않는다. 그래도 미키 마우스와 나는 침묵 속에서 무언의 교감을 나눈다. 올해는 병자년, 쥐의 해다. 올해에 태어나는 아이들은 사내아이나 계집아이 모두 쥐띠를 갖게 된다. 쥐는 음식을 훔쳐먹거나 사람에게 병균을 옮기는 등 나쁜 동물로 여겨지고 있다. 그렇지만 쥐라고 단점만 갖고 있는 것이 아니다. 쥐에게서도 우리가 본받아야 할 점은 있다. 쥐의 부지런함, 쥐의 저축성, 쥐의 왕성한 번식력 따위는 쥐의 장점으로 삼음직하다. 어디 그뿐인가, 쥐는 사람에게 필요한 정보를 제공해 주기도 한다. 앞날을 예시하는 영물이 바로 쥐다.

우리 조상들은 쥐가 농사의 풍흉豊凶과 인간의 길흉화복吉凶禍福을 예감하는 능력을 지닌 동물로 여겨 왔다. 쥐가 배에서 내리면 파선을 예고하는 것으로 믿었다. 어부들은 쥐를 신앙의 대상으로까지 높이 받들 정도였으니까.

다른 나라의 경우도 그렇다. 일본에서는 다산多産과 간신의 상징으로 생각했고, 중국에서는 겁쟁이나 수탈자로 여겼다. 또 기독교에서는 쥐를 탐욕자나 악마로 매도하고, 유태교에서는 위선자로 폄하했지만, 힌두교에서는 사려 깊은 동물, 앞날을 예견하는 동물로 숭상하기도 한다.

독 안에 든 쥐, 풀 방구리에 쥐 드나들 듯, 쥐 본 고양이, 고양이 죽은 데 쥐 눈물만큼, 쥐꼬리만 하다. 쥐구멍에도 볕들 날 있다. 쥐뿔도 모른다. 물에 빠진 생쥐 같다. 쥐도 새도 모른다. 쥐띠는 밤에 나면 잘 산다 등 쥐와 관련된 속담은 많기도 하다. 이것을 보더라도 인간과 쥐의 관계가 얼마나 밀접했는지 미루어 짐작할 만하다.

아파트로 이사를 하고서는 쥐를 잊고 산다. 미키 마우스가 아니었더라면 쥐라는 동물이 우리 주변에 있는지조차 잊을 뻔했다. 단독주택에서 살 때는 슬금슬금 눈치를 보며 하수구를 드나드는 쥐를 심심찮게 볼 수가 있었다. 또 화단을 배회하기도 하고, 화단에 땅굴을 파는 녀석들도 있었다. 낡은 한옥에서 살던 시절, 어느 방이건 천장은 쥐들의 놀이터요, 운동장이었다. 체육대회에 참가할 쥐들이 밤마다 합숙훈련을 하는지 달리기, 높이뛰기에 여념이 없었다. 즐거워 뛰

노는 쥐들 극성에 얼마나 밤잠을 설쳐야 했던가?

미키 마우스를 바라보고 있으면 쥐가 생각난다. 쥐를 떠올리면 절로 이규보의 '주서문呪鼠文' 한 구절이 연상된다.

> 육축六畜에 있어서도 각각 해야 할 일이 있으니 말은 사람을 태우는 일을 맡고, 소는 짐을 싣거나 밭을 가는 일을 맡으며, 닭은 새벽을 맡아 한 가정에 이바지한다. 그러나 너, 쥐에게 물어 보자. 과연 무슨 책임을 맡고 있느냐? 그리고 누가 너를 육축의 하나로 생각하느냐? 아무 일도 하지 않으면서 주방에 들어가 도둑질이나 하는 것은 너도 잘 알 것이다. 무릇 도둑이란 밖에서 들어오는 것인데, 너는 내 집안에 살면서 도리어 주인을 해치려 드는 것은 무슨 뜻이며, 여기저기 구멍을 뚫어놓고 멋대로 쏘다니면서 밤새도록 잠을 못 자게 구는가? 대낮에도 부엌에서 방으로, 외당에서 내당으로 돌아다니며 부처님께 바치고 신을 섬길 음식을 네놈들이 먼저 맛보고 있는 것은 웬일이냐?

올해는 쥐의 해, 이 쥐의 해는 앞으로 12년 후에나 또 돌아온다. 그러나 쥐의 해인 올해에는 '쥐잡기의 날' 행사쯤 그만두면 어떨까 싶다. 쥐의 해인 올해는 '주서문'만 읊조릴 일이 아니다. 쥐가 아니면 이솝우화의 '시골 쥐와 도시 쥐'라는 교훈을 어떻게 얻을 수가 있으며, 흰쥐가 아니면 인간의 질병을 퇴치하기 위한 의학 실험은 어떻게 할 수 있을 것인가?

호돌이가 '88서울 올림픽'을 상징하고 무돌이가 '97무주 전주 동계 유니버시아드'를 상징하듯, 미키 마우스는 미국을 대변한다. 미키 마우스는 영원히 미국의 마스코트로 남을 것이다.

쥐의 해에 마주보는 미키 마우스는 더욱 더 친근감을 갖게 한다. 미키 마우스는 소중한 나의 보물이다.

Chapter 2

동유럽 여행기

외국 나들이 때마다 미워지는 조물주

날아가는 밥

세계적인 문호들의 발자취를 찾아서

물 한 병에 1유로, 화장실 한 번에 1유로

동유럽에서 만난 현대 · 기아차

괴테와 헤세의 유적을 찾아서

독일고속도로 아우토반

외국 나들이 때마다 미워지는 조물주

—동유럽 여행기 ①

해외여행은 언제나 즐겁고 가슴이 설렌다. 이번 동유럽 7박8일 여행도 기대가 큰 나들이였다. 돌이켜 생각해 보니 나도 꽤나 여러 나라를 돌아다녔다.

내가 맨 처음 비행기를 타고 외국나들이를 갔던 곳은 미국이었다. 서양사를 배울 때 팍스 아메리카나(Pax Americana)를 배우면서 친근감을 느꼈던 미국, 그 미국을 찾는다는 것은 대단한 기쁨이었다. 미국의 동부와 서부 그리고 하와이를 둘러보며 즐거움을 만끽할 수 있었다. 그 다음엔 중국의 동북3성을 찾아 고구려의 옛터를 밟아보며 중원천하를 주름잡던 고구려인의 기개를 가슴에 담아왔다. 간 김에 백두산에 올라 천지의 푸른 물을 바라보며 하루빨리 통일이 이루어져 다시 세계를 호령할 날이 오게 해달라고 두 손을 모았다.

실크로드의 중심인 우즈베키스탄도 찾았다. 바람이 없는 그 나라는 나뭇잎이 흔들리지 않고 늘 부동자세를 취하고 있었다. 햇살이

따갑다가도 그늘에 들어서면 시원했다. 가난한 나라여서 도로에 차선도 그리지 못하고 있어서 안쓰러웠다. 그러나 수입품은 비싸고 농산품은 농약을 하지 않아 무공해여서 껍질까지 먹을 수 있어서 좋았다.

8년 전이던가? 아내 회갑 기념으로 일본 홋카이도에 갔었다. 온천이 좋아서 날마다 아침저녁에 온천욕을 할 수 있어서 날아갈 듯 기분이 좋았다. 그 뒤에도 오키나와, 오사카, 후쿠오카 등 일본은 여러 번 다녀왔다.

호주와 뉴질랜드에도 다녀왔다. 청정지역이어서 마음에 들었다. 그런 나라에서 유유자적하며 살아도 좋겠다는 생각이 들었다.

조물주가 숨겨놓은 보물섬, 아프리카에도 다녀왔다. 유럽과 가까운 아프리카는 지정학적으로 유럽 선진국들의 식민지가 될 수밖에 없다는 생각이 들었다. 산업혁명으로 노동력이 필요한 유럽 강대국들은 가까운 아프리카에서 흑인들을 붙잡아 노예로 부릴 수밖에 없었을 것이다. 아프리카 세네갈의 코리섬에 들렀을 때 흑인들을 붙잡아다 노예로 팔려고 가두었던 감옥을 볼 수 있었다. 짐승 같은 대우를 받으며 노예로 팔려갔던 흑인들의 처절한 비명이 이명처럼 들리는 것 같았다.

베트남과 싱가포르, 말레이시아도 다녀왔다. 내 동생이 월남전에 참전했던 그 기억을 안고 베트남에 들러 온갖 전쟁의 흔적을 보면서 동생이 얼마나 고통을 겪으며 힘들었을지 짐작이 되었다. 베트남이 발전하고 있어서 다행이라는 생각이 들었다. 가는 길에 싱가포르에도 들러 풍요로운 도시국가의 면모를 엿볼 수 있었고, 말레이시아로 건너가 그곳의 풍경도 마음에 담을 수 있었다.

내가 50대 후반 때 서유럽 프랑스와 영국, 이탈리아와 로마를 둘러보았다. 내가 몸담았던 KBS가 정년퇴직기념으로 보내준 여행이어서 부담 없이 즐거웠다. 그러나 유럽 여행은 언제나 고달프기 마련이다. 왕궁이나 성당, 박물관, 미술관 등이 대부분이어서 날마다 걸어야 하기 때문에 무척 힘든 여행이었다. 여행 끝날 무렵 편도선으로 시달렸던 기억이 떠오른다. 하지만 영국에서 프랑스까지 바다 속으로 이어지는 유로패스 열차를 탔던 일은 즐거운 추억이다.

이번 동유럽여행은 문학기행이어서 좋았다. 민족대표 33인도 아닌데 33명의 문인들이 동행했다는 점도 그렇고, 지그문트 프로이드, 프란츠 카프카, 헤르만 헷세, 요한 볼프강 폰 괴테 등 세계적인 대문호들의 발자취를 더듬을 수 있었으니 영원히 잊을 수 없는 아름다운 추억이 아닐 수 없다.

내 고희기념으로 다녀온 곳은 캐나다였다. 토론토를 중심으로 서부 쪽만 다니는 바람에 아쉬웠지만 럭키마운틴이나 부차드 가든을 둘러본 것은 기억에 남는다. 지금까지 미국은 두 번, 중국은 네 번, 일본도 네 번이나 다녀왔다.

세계 여러 나라를 돌아다니면서 느낀 게 한 가지 있다. 조물주는 왜 이 세상에 6,500개 언어를 만들어서 서로 소통하기 어렵게 만들었을까 하는 점이다. 또 언어가 있으면 그 언어를 표기할 수 있는 문자도 만들어 줄 일이지 6,500개 언어 가운데 400개 언어만 표기할 수 있도록 문자를 만들어 주었을까?

나는 학창시절에 제2외국어로 독일어 대신 중국어를 배웠다. 공교롭게도 이번 동유럽 네 나라를 여행하다보니 모두가 독일어권이었다. 간판도 안내책자도 거의가 독일어로 되어 있으니, 나는 눈뜬장님이 될 수밖에 없었다. 영어권에 가면 영어 단어 한두 개만으로도 어느 정도 의사소통이 가능한데 독일어권에서는 방법이 없지 않은가? 조물주가 몹시도 미웠다.

(2016. 6. 23.)

날아가는 밥

—동유럽 여행기 ②

외국여행을 할 때마다 느끼는 불편은 음식이다. 날마다 끼니때면 쌀밥에 된장찌개 등 한식요리를 즐겨 먹던 버릇이 되살아나서 그렇다. 호텔에서 식사를 하고 나면, 배는 부른데도 무엇인가 허전하기 마련이다. 이번 동유럽 여행 때도 예외는 아니었다.

외국여행 때는 호텔에서 잠을 자고 아침식사는 으레 호텔식당에서 하기 마련이다. 이번 여행 때도 마찬가지였다. 첫날 머물렀던 헝가리 부다페스트 파크 인 호텔에서도 아침 산책을 마치고 레스토랑으로 들어갔다. 벌써 우리 일행과 서양 친구들이 어울려 식사를 하고 있었다. 아무리 둘러보아도 김치는 보이지 않고, 밥솥과 국솥은 눈에 띄지 않았다. 하는 수 없이 빵과 삶은 달걀, 과일 등으로 배를 채울 수밖에 없었다. 그런데 아내는 어디서 밥을 한 숟갈 가지고 와서 일행이 가져온 고추장으로 비벼먹었다. 그 밥은 찰기가 없어 불면 날아갈 듯 버글버글했다. 그래서 나는 그 밥을 「날아가는 밥」이라고 별명을 붙여 주었다. 쌀을 주식으로 하는 아시아인들도 많이 찾는 호텔인데 아시아인들을 소홀히 맞이하는 것 같아 아쉬웠다.

헝가리를 떠나 오스트리아와 체코, 독일에서도 다를 바 없었다. 동유럽 여행 내내 가이드의 깃발을 따라 다니는 중국인이나 한국인 등 아시아인 관광객들이 많이 눈에 띄었는데 호텔식당의 메뉴는 달라지지 않고 있었다.

오래 전 아프리카 여행을 할 때는 이렇지 않았다. 호텔식당에는 으레 김치와 쌀밥 그리고 국이 늘 준비되어 있었다. 비록 종업원들은 아프리카인이었지만 음식은 우리 입맛에 맞는 식단이어서 아무런 불편을 느낄 수 없었다. 오랜 세월이 흘렀는데도 아프리카의 호텔음식을 잊을 수 없다.

오늘은 헝가리의 수도 부다페스트를 둘러보고 오후에는 오스트리아의 비엔나로 떠나야 하기에 짐을 꾸려 관광버스에 올랐다. 부다페스트는 두너(Duna)강 왼쪽의, 산이 많은, 부다(Buda)와 오른쪽의 평지인, 페스트를 합쳐 부르는 이름이다. 이 두 도시가 하나로 통합된 것은 1872년이라고 했다.

돌이켜 보면 헝가리의 역사도 우리나라처럼 기구한 편이다. 9백여 회의 외침을 받았던 것만 보아도 그렇다. 하지만 가까스로 살아남아 지금은 어엿한 독립국가로서 명맥을 이어가고 있다. 노벨상을 수상한 헝가리인이 18명인데 그중 4명은 선진국으로 망명을 했는데 그들 수상자 중 노벨의학상 수상자가 많다고 한다. 가이드의 말에 따르면 우리나라에서 헝가리에 유학을 온 학생들이 3백여 명인데 그 중 무려 250여 명이 의대생이라고 한다. 이들은 대부분이 우리나라에서 의대에 들어가지 못한 학생들로서 헝가리에서 의대를 졸업하고 미국으로 건너가 인턴 레지던트 과정을 마친 뒤 의사로서 인정을 받을 수 있다고 한다.

헝가리의 광장에서는 젊은이들 10명이 다섯 명씩 마주보고 앉아 둥근 바퀴를 돌리며 맥주를 마시는 수륙양용버스 같은 Beer & Bike가 눈에 띄었다. 옮겨 다니면서 술을 마시는 그들의 젊음과 낭만이 부러웠다.

헝가리 여행에서는 잔돈이 필요했다. 날마다 물 한 병을 1유로에 사서 마셔야 하고 화장실에 한 번 가려면 1유로씩 내야 하니 말이다. 1유로에 사 마신 물을 1유로에 버려야 하는 셈이다. 이러한 일은 동유럽 네 나라 모두 다를 바 없었다. 어쩌다 무료 화장실에서 용변을 보면 횡재를 한 기분이 들었다. 습관이란 그렇게 무서운 일이었다.

부다의 산등성이에 있는 어부의 요새에 올랐다. 1988년에 세계문화유산에 등재된 그 요새 밑에는 무덤이 있는 성 미하이 예배당이 있다. 그 요새에 오르니 두너강 건너 페스트지역의 아름다운 경관이 한 눈에 들어왔다. 특히 건너편 국회의사당은 장관이었다. 이 국회의사당에는 365개의 첨탑이 세워져 있는데 이는 1년 365일을 상징하는 것으로서 날마다 국민을 생각하며 정치를 하라는 뜻이라고 한다.

부다왕궁은 웅장했다. 그곳에서 헝가리국립미술관, 국립세체니도서관, 부다페스트역사박물관을 둘러 볼 수 있었다. 옛날의 왕궁이 박물관이나 미술관으로 활용되는 것은 유럽문화의 한 흐름 같다.

부다성의 주 성당인 마타쉬성당은 부다 시의 역사와 아주 밀접하다. 이 성당은 많은 수난을 겪었다. 터키가 침공했을 때는 회교사원으로 개조되기도 했고, 화재와 낙뢰로 피해를 입는 등 곡절을 겪었지만 지금은 성경에 나오는 통상적인 장면과 함께 헝가리 역사의 가장 중요한 장면들이 성당벽화에 담겨 있다. 이 성당은 뛰어난 음향효과 덕에 연주회 장소로 번번이 제공되기도 한다. 성당건물의 뾰족뾰족한 첨탑은 한마디로 아름다운 예술미를 갖추고 있었다.

또 부다페스트에서 가장 큰 성 이스튜반성당은 8,500명을 수용할 수 있는 규모다. 원형 돔은 높이가 96m인데 국회의사당 원형 돔의 높이와 같다. 이 성당과 헝가리 로마가톨릭교회의 가장 귀중한 유물은 성스러운 성 이스트반 왕의 미라가 된 '성스러운 오른손'을 예배당에서 볼 수 있다.

짧은 일정 때문에 두너강에 놓인 다리를 밟아보지 못하고, 부다페스트에서 가장 큰 공원인 바로쉬리게트를 둘러보지 못한 채 오스트리아의 비엔나로 떠나게 되어 아쉬웠다.

(2016. 6. 25.)

세계적인 문호들의 발자취를 찾아서

—동유럽 여행기 ③

음악과 예술의 도시, 오스트리아의 수도 빈에서 새로운 하루가 열렸다. 빈(wen)은 대학선배 이규하 박사가 빈 대학에서 서양사를 전공 박사학위를 취득한 곳이기에 오래 전부터 이름을 들었던 친근한 지명이다. 이 빈 대학은 1364년 루돌프 4세가 창설한 대학으로서 독일어권 내에서는 가장 오래된 명문대학이다. 이 오스트리아 때문에 내가 동유럽 여행을 꿈꾸었는지도 모른다.

2016년 6월의 동유럽 여행은 〈계간 문예〉와 한국해외문학포럼이 마련한 문학기행이어서 더 매력적이었다. 지그문트 프로이트, 프란츠 카프카, 헤르만 헷세, 요한 볼프강 본 괴테, 등 이름만 들어도 가슴을 설레게 하는 세계적인 문호들의 유적을 둘러볼 수 있어서 좋았다.

동유럽 여행 셋째 날 오전. 날씨는 맑고 상쾌했다. 우리나라보다는 조금 낮은 기온이어서 여행하기엔 안성맞춤이었다. 빈은 합스부르크 제국의 수도이자 프랑스 파리와 견줄만한 예술의 중심지다. 클래식의 고향이자 음악의 도시로 알려진 빈은 640여 년간 유럽의 절반을 지배한 합스부르크 제국의 수도로서 미술과 건축, 문화 등 다양한 예술분야가 발달한 아름다운 도시다. 볼수록 매력적인 도시가 바로 빈이다. 합스부르크 제국 때는 성공하고 싶어 하는 유럽의 예술가들이 몰려든 곳으로, 천재 음악가 모차르트, 불후의 명작을 남긴 베토벤, 황금색의 마술사 클림트, 현대건축의 거장 오토 바그너, 등 위대한 예술가들을 많이 배출한 곳이다.

7세기 동안을 풍미한 합스부르크 제국이 남긴 풍부한 왕가의 유산과 위대한 예술가들이 남긴 작품 등은 언제나 빈을 찾는 관광객들의 마음을 사로잡는다. '빈'은 오스트리아 발음이지만 영어식 발음으로는 '비엔나'라고 한다. 어쩐지 '빈'보다는 '비엔나'라고 하는 게 더 낭만적이며 매력적이다.

비가 오락가락 하는 날 오전에 숲이 우거진 음악가의 묘지를 찾았다. 모차르트, 베토벤, 요한 스트라우스, 슈베르트 등 학창시절에 이름을 익혔던 음악가들이 묻혀 있는 곳이다. 다양한 모양의 우람한 돌비石碑들이 눈길을 끌었다. 유명세 때문에 죽어서도 대접을 받는구나 싶었다. 유명한 음악가들의 각양각색의 비석들을 카메라에 담으며 감회에 젖었다. 이튿날 새벽에 힐튼 가든 인 비엔나 사우스(HILTON GARDEN INN VIENNA SOUTH)호텔 건너편에 있는 공동묘지에 들르니 음악가 묘지보다는 초라해 보였다. 음악가의 묘지와는 달리 이 공동묘지에서는 사진을 찍을 수 없었다.

가이드의 안내로 슈테판 대 성당을 찾았다. 첫눈에도 규모가 어마

어마하여 벌어진 입이 다물어지지 않았다. 지붕을 장식한 모자이크에 또 한 번 놀라고, 장인의 혼이 담긴 섬세한 조각에 감탄사가 절로 나왔다. 첨탑 전망대에 올라 빈 시내를 굽어보니 참으로 장관이었다. 모차르트의 화려한 결혼식과 초라한 장례식이 거행된 성 슈테판 대성당은 빈의 상징이자 혼이라고 일컬어지는 곳이다. 여전히 유럽 여행의 볼거리는 성당이었다.

오스트리아의 날씨도 오락가락이었다. 해가 떴다가 금세 소나기가 내리기를 되풀이 했다. 우리나라에서는 해가 떴다가 비가 내리면 호랑이가 장가간다고 했는데 동유럽 호랑이는 장가를 자주 가는 모양이었다.

쇤부른 궁전을 찾았더니, 역시 광장은 넓었다. 합스부르크 왕가의 여름 궁전인 이 쇤브룬은 아름다운 분수를 뜻한다. 마링아 테레지아와 그녀의 딸 마리 앙뚜아네트가 지내던 곳이어서 마리아 테레지아의 숨결을 가장 잘 느낄 수 있으며, 아름다운 정원과 화려한 인테리어가 유명한 궁전이다.

나폴레옹의 빈 점령 시(1805~1809)에는 프랑스 전시사령부로 사용되기도 했다. 1918년에는 제1차 세계대전에서 패한 카를1세 황제가 오스트리아와 헝가리 제국의 종말을 선언한 곳이기도 하다. 이 궁전은 1,441개의 방을 갖고 있는데 그 중 45개를 공개하고 있었다.

국회의사당도 볼만했다. 그리스 신전을 모방하여 1883년에 건립한 국회의사당은 합스부르크 왕국이 사라진 뒤 지금까지 오스트리아 의회의 본거지로 쓰고 있다. 건물 앞에 있는 아테네 분수는 1902년

카를 쿤트만이 디자인한 것으로, 분수 가운데 지혜의 여신 아테네가 우뚝 서 있다. 밤에는 조명이 밝혀져 관광객들의 눈길을 끈다.

오늘 관광의 하이라이트는 프로이트박물관 탐방이었다. 무의식이 행동에 영향을 준다는 것을 대중화 한 정신분석학의 창시자 프로이트 박사가 빈에서 환자를 치료하면서 살던 곳이 바로 프로이트 박물관이다. 1900년 빈에서 출간한 그의 유명한 저서이면서 정신의학과 구별된 정신분석학을 독립적인 학문으로 자리 잡게 해 준『꿈의 해석』도 바로 이곳에서 완성했다고 한다. 정신분석에 대한 논란이 끊이지 않았지만 병원 대기실에는 늘 사람들로 넘쳤다고 한다. 1938년 히틀러가 총통이 되고 오스트리아를 합병했을 때, 프로이트는 런던으로 이주했다고 한다. 그런데 그 자녀들의 도움으로 프로이트가 병원으로 사용했던 곳을 박물관으로 개조하여 사용하고 있다. 오르내리는 계단도 좁고 박물관도 옹색하여 한꺼번에 많은 관광객들이 방문할 수 없어 아쉬웠다. 이것을 보더라도 게르만족의 검약정신은 본받을 일이려니 싶다. 저녁식사는 한국인이 운영하는 식당에서 한식으로 식사를 마치고 그 자리에서 2016년 해외문학 심포지엄을 가졌다. 내일이면 빈을 떠나 체코의 프라하로 떠날 예정이다.

(2016. 6. 28.)

물 한 병에 1유로, 화장실 한 번에 1유로
—동유럽 여행기 ④

이번 동유럽 여행의 특이점은 날마다 1유로에 물을 한 병씩 사서 마시고 화장실을 찾으면 으레 1유로씩 내야 했다는 점이다. 그러나 아무리 일자리가 귀한 세상이라지만 퀴퀴하고 구린내 나는 화장실 입구에서 출입자들에게 돈을 받는 그 노인들이 부럽지는 않았다. 리무진관광버스를 타고 동유럽 천하를 돌아다니면서 어쩌다가 고속도로휴게소 역할을 하는 주유소에 들를 때 무료 화장실을 만나면 횡재를 한 기분이 들어서 그런지, 일행의 얼굴엔 웃음꽃이 활짝 피었다. 달러처럼 변동환율이지만 1유로는 우리 돈으로 대개 1,340원쯤 된다. 그 돈 때문에 울고 웃는 셈이다.

오늘은 오전 8시 30분부터 오스트리아 빈에서 체코의 체스키크룸로프까지 2백여 km를 버스로 2시간 30분쯤 달렸다. 이번에도 오스트리아와 체코의 국경을 넘었는데 우리 일행은 국경을 넘었다는 사실을 전혀 깨닫지 못했다. 마치 전주를 출발한 고속버스가 충남, 대전 등 도계와 시계를 자유롭게 지난 것과 다를 바 없었다. 유럽의 자유가 부러웠다. 옛날 금강산이나 개성에 갈 때면 남과 북의 국경에서 북한의 군인이 버스에 올라 둘러보고 주의사항을 전달할 때 잔뜩 주눅이 들었던 일이 떠올랐다. 어찌 비교되지 않겠는가?

체스키크룸로프에 도착하여 유네스코 세계문화유산으로 등재되었다는 구 시가지를 둘러보았다. 깊은 산속에 있는 작은 마을인데 아늑하고 고풍스러웠다. 공산국가였던 체코의 분위기는 찾아볼 수 없었다.

체코는 면적이 한반도의 1/3정도이고 인구는 1,060만 명이며, 인종은 슬라브계 체코인이다. 나로서는 처음 밟아 본 체코 땅이고 처음 만나는 체코 사람들이다. 그러나 거쳐 온 헝가리나 오스트리아와 크게 다른 것 같지 않았다.

프라하! 익히 들어온 체코의 수도다. 약소국가인 체코도 변화무쌍한 역사를 겪은 나라다. 1918년까지 3백여 년간 합스부르크 왕가의 지배를 받다가 18, 19세기에는 민족부흥운동이 일어났다. 제1차 세계대전 때 합스부르크 왕가가 붕괴하면서 체코에도 독립의 햇살이 비추었다. 그러나 제2차 세계대전으로 독일의 통치를 받다가 독일이 소련에게 패하자 1946부터 소련의 지배를 받는 사회주의국가가 되었다.

1968년 1월에는 민주화의 물결에 영향을 받아 프라하의 봄이 깃발을 펄럭였으나 결국 소련의 탱크와 군홧발에 짓밟히고 말았다. 그러나 소련이 붕괴된 뒤 시민혁명으로 공산정권이 무너지고 1990년

6월 체코슬로바키아 연방공화국으로 태어났다. 또 1993년에는 체코와 슬로바키아가 분리되고 2004년에는 EU에 가입하여 관광대국으로 급부상하고 있다. 그런 와중에서도 드보르자크, 스메타나 등 유명한 음악가가 배출되었다. 체코는 정신계발에 좋다고 하여 어릴 때부터 한두 가지 악기를 가르친다고 한다. 그래서 유명한 음악가가 많이 배출된 모양이다. 체코 사람들은 겉은 딱딱하지만 속이 부드러운 '바케트'에 비유되기도 한다.

천년고도 프라하를 찾았다. 영화나 드라마, 광고에서 익히 소개되었던 도시여서 그런지 처음 방문인데도 낯설지가 않았다. 프라하는 도시 전체가 박물관이라고 할 만큼 다양한 역사적인 건물들이 자태를 뽐내고 있다. 이 때문에 1989년에는 유네스코 세계문화유산으로 지정되었고, 해마다 1억 명의 관광객들이 찾는다고 한다. 프라하는 세계 6대 관광도시로 당당히 이름을 올리고 있다지 않는가?

프라하의 야경은 세계 3대 야경의 하나라고 한다. 프라하 성에 올라가 바라본 야경은 아름다웠다. 하기야 어느 나라 어느 도시든 아름답지 않은 야경이 있던가?

유럽은 어느 나라에 가던지 왕궁과 성당, 박물관, 미술관 등이 있다. 그래서 여행이 끝나고 되돌아보면 어느 나라에서 보았는지 헷갈리기 마련이다. 체코 역시 다를 바 없었다. 프라하의 황금소로黃金小路는 인상적이었다. 관광객들의 발길이 끊이지 않는 황금소로는 난쟁이 집처럼 알록달록한 작고 아담한 집들이 다닥다닥 붙어 있는 좁은 골목길이었다. 이런 이름을 얻게 된 것은 금과 관련된 사람들이 많이 모여 살았기 때문이라고 한다. 특히 이 골목 가운데 파란색 22번지 집은 프란츠 카프카의 집필실로 사용되었다고 하여 관심을 끌었다.

프라하를 상징하는 건물이자 구 시가광장의 명물인 옛 시청사에는 디자인이 독특한 천문시계가 설치되어 있었다. 그런데 이 광장에서 일단의 젊은이들 10여 명이 이색적인 기기인 세그웨이(segway)를 타고 나타났다. 자전거나 오토바이도 아닌 혼자 서서 타는 전동 휠차였다. 그들이 단체로 그 기기를 타고 다니며 구경을 하는 걸 보니 이채로웠다. 골목길도 자유로이 다닐 수 있어서 아주 편리해 보였다.

또 대통령궁은 관광객이 자유로이 드나들며 구경할 수 있었고, 그 앞 광장 구석구석에서 음악가는 연주를 하고, 미술가는 초상화나 풍경화를 그려주며, 사진가들은 즉석사진을 찍어주어 소득을 올리고 있었다. 몰다우강에서는 관광객을 실은 유람선이 유유히 지나가고 있었지만, 눈으로 감상할 수밖에 없었다.

프란츠 카프카는 유대인 부모의 장남이지만 독일 국적을 갖고 있었다. 그러나 체코에서 태어나 41세에 폐결핵으로 죽을 때까지 프라하에서 살았다. 카프카는'프라하를 사랑했지만 한편으로는 두려워했다.'고 한다. 그가 태어난 곳은 성 미콜라스교회 옆 옛 시가지광장 유대인지구 길모퉁이었다. 체코가 낳은 세계적인 문호 카프카, 그는 『변신』, 『심판』, 『성』 등 대표작을 남겼다. 카프카박물관 앞 광장에는 오줌을 싸는 두 남자의 동상이 세워져 있는데, 비가 오나 해가 뜨나 오줌을 싸고 있는 그 동상은 체코지도 모양의 받침대에 서있었다. 카프카박물관의 겉모습은 소박하지만 안에는 독특한 작품 배치로 찾는 이들의 눈길을 끌었다. 그 박물관에서는 카프카의 저서는 물론 카프카의 글과 편지, 가족사진이 전시되어 있고, 기념품 숍에서는 카프카와 관련된 기념품을 살 수 있었다. 또 카프카서점도 있어서 눈을 끌었다.

프라하의 하루가 어떻게 지나갔는지 모른다. 내일은 독일의 뉘른베르그로 떠날 예정이다. 뉘른베르그가 어디인가? 제2차 세계대전의 전범배판이 이루어진 도시가 아닌가?

(2016. 6. 29.)

동유럽에서 만난 현대 · 기아차

—동유럽 여행기 ⑤

나는 외국에 나갈 때마다 주차장에서 두리번거리곤 한다. 이번 동유럽에서도 예외는 아니었다. 유럽 역시 도로변이나 주차장에 세워진 차를 보면 거의 대부분이 소형차들이었다. 얼핏 헤아려 보니 독일의 폭스바겐과 벤츠가 대부분이었고, 일본의 도요타가 많이 눈에 띄었다. 어쩌다 우리나라의 현대차와 기아차를 만나면 대도시에서 고향사람을 만난 것처럼 반가웠다. 그럴 때는 그 차 앞에서 스마트폰으로 기념사진을 찍기도 했다. 오스트리아 어느 식당 주차장에서는 흰색 기아차 두 대가 나란히 세워져 있어서 즉시 카메라에 담았다. 요즘 말로 대박이었다.

이번 여행에서는 이색적인 이벤트도 있었다. 오스트리아의 수도, 빈에서 체코의 수도, 프라하로 가는 리무진관광버스 안에서 문학 강연을 하게 되었다. 내가 발표하기로 한 제목은 「수필, 그 30초 전쟁」이었다. 달리는 버스 안에서 이 원고를 꼬박꼬박 읽고 있으면 귀담아들을 사람이 없을 것 같았다. 그래서 그 내용을 간추려 간략하게 설명해 주며 틈나는 대로 읽어보라 하고, 내가 15년 동안 수필 강의를 하면서 체험한 이야기를 들려주었다.

목포문학상을 수상하고 전북도민일보 신춘문예 수필부문에 당선하신 88세 정원정 선생의 수필사랑 이야기를 빼놓을 수는 없었다. 그 이야기를 들려주자 감동하는 표정들이었다. 우리 일행 중에는 시와 수필을 쓰시는 85세 정일상 어르신이 있어서 더 관심을 끄는 것 같았다. 또 74세 때 처음 수필을 만나 매주 수필 한 편씩을 쓰시더니 해마다 수필집을 한 권씩 지금까지 7권의 수필집을 출간하신 김길남 선생 이야기를 들려주었다. 또 그 김길남 선생의 기록을 깨뜨리려는 듯 5권의 수필집을 출간하며 바짝 뒤를 쫓고 있는 70세 김현준 수필가도 소개했다. 올해 1학기 때 만난 김성은 선생 이야기도 빼놓을 수 없었다.

김성은 선생은 앞을 보지 못하는 여성이다. 고등학교 때 실명하게 되었다는 김성은 선생. 지금은 건강한 남편과의 사이에 초등학생 딸 하나를 둔 분으로서 현재 익산맹아학교 교사로 근무하는 39세의 젊은 여성이다. 그런 분이 매주 목요일 밤이면 익산에서 전주까지 찾아온다고 소개했다. 수필이 뭐기에, 그렇게 어렵게 공부를 할까? 그녀가 쓴 수필 대여섯 편을 읽어 보았다. 예사솜씨가 아니었다. 이대로 정진한다면 앞으로 훌륭한 수필가가 되리라 기대한다고 강조했다. 우레 같은 박수가 터졌다. 소개하고 싶은 수강생들이 어디 이들뿐이겠는가? 하지만 제한된 시간이어서 이 정도로 그칠 수밖에 없어 아쉬웠다. 강의를 마치고 냉수를 한 잔 마시니 갈증이 가시며 기분이 상쾌해졌다.

언제나 그렇듯이 이번 여행 때도 인천국제공항에서 스마트폰을 차단하고 출국했었다. 카톡은 사용할 수 있다고 하여 그러려니 했었다. 그런데 고국에 있는 아들딸들에게 문자를 보내도 들어가지 않았다. 호텔에서도 와이파이가 터지지 않은 곳이 있었던 것이다. 그런데 어느 날 카톡을 열어 보니 전주에서 문자가 와 있었다. 고향 후배의 딸 청첩장과 ROTC 동기생 별세소식 그리고 고등학교 후배가 점심에 초대한다는 내용이었다. 스마트폰의 카톡은 편리한 문명의 이기임이 분명했다.

이번 동유럽 여행은 헝가리 부다페스트에서 리무진관광버스를 빌려타고 오스트리아, 체코, 독일까지 누비고 다녔다. 그런데 헝가리와 오스트리아 두 나라를 지나서 운전기사를 바꾸었다. 그게 규정이라고 했다.

어둑어둑해질 무렵 체코의 프라하에 도착하여 한국식당에서 저녁 식사를 했다. 그 식당에서 먹은 된장찌개는 오랜만에 맛본 어머니의 솜씨 같았다. 한국 사람은 역시 한국 음식을 먹어야 힘이 솟는다고나 할까? 더구나 2만원에 한국 소주를 한 병 사서 나누어 마시니 기분이 날아갈 듯했다.

(2016. 6. 30.)

괴테와 헤세의 유적을 찾아서

—동유럽 여행기 ⑥

괴테와 헤세는 고등학교 때부터 이름을 들어 알고 있었다. 내가 괴테를 알게 된 것은 그의 『젊은 베르테르의 슬픔』을 읽고부터였고, 헤세를 알게 된 것은 고등학교 때 국어시간에 그의 「행복」이란 시를 배우고서였다. 그의 시에 빠졌다기보다는 그의 이름 〈헤르만 헷세〉가 마음에 들어서였다. 퉁명스러운 독일어가 아니라 부드러운 발음이어서 그의 시도 감성적이려니 생각했기 때문이다. 다행히 이번 독일 여행 코스에 독일이 낳은 두 문호의 유적을 더듬어 볼 수 있는 기회가 들어 있어서 얼마나 반가웠는지 모른다.

독일의 뉘른베르그에서 하룻밤을 묵고 아침 8시에 리무진관광버스로 그곳을 출발하여 슈바벤 주의 뷔르템베르크 소재 칼프까지 192km를 2시간 30분에 달렸다. 그곳엔 헤르만 헷세의 생가가 있었다.

헤르만 헷세(1877. 7. 2.~1962. 8. 9.)는 독일계 스위스인으로서 시인이자 소설가이며 화가다. 그는 『데미안』, 『싯다르다』, 『수레바퀴 밑에서』 등을 남겼으며, 1946년 『유리알 유희』란 작품으로 노벨 문학상을 받았다. 헤세는 많은 명언을 남긴 작가로도 유명하다.

'자신의 길을 걷는 사람은 누구나 영웅이다.' '고통으로부터 도망가지 마시오. 고통의 밑바닥이 얼마나 감미로운 것인지를 직접 맛보시오.' 등 그가 남긴 명언은 헤아릴 수 없이 많다.

헤세의 아버지 요하네스 헤세는 개신교 선교사였는데 다섯 살 연상의 과부 마리 군데르트와 결혼하여 헤르만 헷세를 낳았다. 헤르만 헷세를 생각하면 강원도 속초가 떠오른다. 내가 육군 소위로서 양양군 둔치면 소나무동산에 천막을 치고 소대장으로서 1개 소대를 이끌고 대간첩작전을 수행할 때, 가까운 속초에 나가 영화 한 편을 보고, 서점에 들러서 샀던 시집이 바로 『헤르만 헷세 시집』이었기 때문이다. 그 시집은 지금도 내 서재 어느 귀퉁이에 꽂혀 있을 것이다.

헤르만 헷세 생가도 조그만 아파트였다. 그곳엔 다양한 모습의 작품집과 흑백 사진 그리고 그의 유품들이 전시되어 있었다. 역시 우리나라의 개인 문학관과 비교할 수 없을 만큼 초라했다.

버스는 칼프를 떠나 하이델베르그로 달렸다. 1시간 반 만에 도착한 하이델베르그는 고색창연한 도시였다. 이 하이델베르그는 독일 최초의 대학이 설립된 도시다. 의과대학과 신학대가 유명하여 외국 유학생들이 많이 찾아온다고 한다. 이 도시의 고성古城은 프랑스군의 공습으로 파괴된 성채와 건물을 그대로 남겨둔 채 관광객들을 맞고 있었다. 그렇지만 세월이 흐르면서 나무는 무럭무럭 자라서 숲이 아름다운 도시로 변했다. 하이델베르그에서 만난 가장 반가운 단어는 'WC'였다. 유료화장실만 보다가 무료화장실을 만날 수 있었기 때문이다. 대학가를 주마간산 식으로 보고 하이델베르그를 출발하여 1시간 만에 독일의 관문 프랑크푸르트에 닿았다.

프랑크푸르트에서 마지막 밤을 보내고 이튿날 아침 8시 괴테 유적을 만나러 베츨라로 출발했다. 요한 볼프강 괴테는 1749년 8월 28일 정오 프랑크푸르트에서 태어났고 1832년 3월 22일 세상을 떠났다. 괴테는 독일의 작가이자 철학자, 과학자이며 바이마르 대공국에서 재상까지 지냈다. 왕실 고문관인 아버지와 시장의 딸인 어머니 사이에서 태어났으니 요즘말로 금수저로 태어났다고나 할까?

스물네 살 때부터 구상하여 세상을 떠나기 한 해 전에 완성한 『파우스트』는 불후의 명작이 되었다. 프랑크푸르트 중심지에 자리 잡은 괴테 생가는 해마다 10만 명이 넘는 방문객들이 줄지어 찾고 있다. 이 괴테 생가는 괴테의 아버지가 개축했는데 세계대전 때 완전히 파괴되었다. 그러나 1951년 원형을 살려 복원했다고 한다. 분수가 있는 작은 우물정원을 지나면 괴테의 부모가 기거하던 건물에 이른다. 복도를 지나면 귀빈을 맞는 식당과 침실에 닿는다. 2층에는 북경벽지를 바른 북경실과 음악실이 있지만 괴테가족들은 주로 3층에서 생활했다. 괴테 생가는 자유독일문화재단이 괴테 부모가 살던 건물을 사들여 새롭게 단장한 뒤 일반에 공개하고 있다. 괴테 생가 옆에는 괴테박물관, 그래픽전시관, 특수도서관, 필적보관소 등이 있다. 명문가 출신인 괴테는 세상을 떠난 뒤에도 우러름을 받고 있다는 생각이 들었다.

오늘은 푸랑크푸르트 국제공항에서 인천국제공항으로 가는 루푸트한사 여객기를 타고 10시간쯤 날아가야 한다.

(2016. 7. 1.)

독일고속도로 아우토반

—동유럽 여행기 ⑦

우리나라는 어느 고속도로에서나 통행료를 받는다. 그러다 보니 고속도로에서는 으레 통행료를 받으려니 여긴다. 그런데 이번 동유럽 여행을 하다 보니 그곳은 우리나라와 달랐다. 헝가리와 오스트리아, 체코, 독일 어느 나라를 가더라도 통행료를 내려고 고속버스가 머무적거리는 일이 없었다. 그래서 유심히 살펴보니 고속도로에서 빠져나가는 출구에 통행료를 받는 시설이 눈에 띄지 않았다. 우리나라처럼 국도에서 지역으로 빠져 나가는 출구에 톨게이트가 없었다.

우리나라의 고속도로는 독일의 자동차전용도로 아우토반(Autobahn)과 연관되어 있다. 박정희 대통령이 차관을 얻으려고 독일을 방문했을 때 이 아우토반을 달려보고 우리나라에도 고속도로를 개설해야겠다고 생각하게 되었다니 말이다.

아우토반은 통행료가 없고, 속도제한이 없으며, 가로등이 없다는 게 특징이라고 했다. 또 오토바이도 자유로이 다닐 수 있는 도로라는 것이다. 그런데 이 아우토반에서 교통사고가 나면 그 뒤처리가 끝날 때까지 기다려야 한다니 놀라운 일이다. 우리나라처럼 교통사고가 자주 난다면 아우토반은 고속도로가 아니라 저속도로가 될 것이다. 그런데 속도제한이 없던 아우토반에도 요즘엔 구간별로 속도를 제한하고 있다고 한다.

독일에는 지역마다 사투리언어가 있었는데 이 아우토반이 개통되면서 사투리가 줄어들고 언어가 통일되어 독일어의 표준어인 하노버언어가 이루어졌다고 한다. 독일어의 표준어가 수도인 베를린어가 아니라 하노버어로 된 것은 하노버가 교통의 중심지였기 때문이라고 한다. 그 결과 독일이 정신적으로 하나의 민족이 되었다고 한다. 그런 점에서 아우토반을 착공한 히틀러는 큰 공을 세운 셈이다.

유럽의 관문인 독일의 프랑크푸르트를 찾았다. 뱅크푸르트라고 불리는 프랑트푸르트는 금융과 상업의 도시로서 독일에서 가장 큰 국제공항이 있고, 현대적인 건물들이 즐비한 도시다. 8세기 샤를르마뉴 황제에 의해 많은 건물이 세워지기 시작했고, 12세기에 들어서 유럽 여러 나라의 상인들이 모여들어 견본시장을 세워 상업도시로 발전하게 되었다고 한다.

이 프랑크푸르트는 독일의 역사관광지가 되었다. 이 도시의 대성당에서 황제가 대관식을 올렸고, 장크트 파울교회에서는 독일 제1회 국민회의가 열리기도 했다. 또 대문호 괴테의 생가가 있고, 신성로마제국 52명의 인물들 초상화가 실물 크기로 벽에 장식된 옛 시청건물 뢰머(Romer)와 오페라하우스가 특히 인상적이다. 해마다 많은 세미나와 국제회의가 열리는 등 독일 최대의 컨벤션센터이기도 한 푸랑크푸르트는 유명한 도서전시회가 열리는 도시이기도 하다.

독일이 강대국이 될 수 있는 이유는 한두 가지가 아닐 것이다. 특히 국토의 80%가 평야지대이고 20%가 산지라는 것도 빼놓을 수 없는 이유일 것이다. 체코에서 독일로 건너가며 차창으로 바라보니 산이 보이지 않고 넓은 들녘만 이어지고 있었다. 그때가 6월 중순이었는데 모를 심은 논은 볼 수가 없었다. 가이드에게 물으니 독일에서는 논농사를 짓지 않는다고 했다. 논농사를 짓지 않으니 쌀이 생산될 리 없을 수밖에. 독일의 호텔에서 머물 때 아침 식사시간에 쌀밥과 김치가 메뉴에 오르지 않는 이유를 알 수 있었다.

독일이 잘 사는 나라가 된 것을 우리는 흔히 '라인강의 기적'이라고 했다. 그걸 본떠서 우리나라가 잘 살게 된 것을 '한강의 기적'이라고 한다. 한강의 기적을 이루기까지 독일은 우리에게 많은 도움을 준 고마운 나라다. 가난하던 시절 우리의 형제자매들이 간호사와 광부로 독일에 파견되어 피땀을 흘리며 돈을 벌어 보내 준 덕에 그 돈을 종자돈으로 삼아 우리나라가 잘 살 수 있게 되었던 사실을 결코 잊어서는 안 될 것이다.

내 재종동생도 독일 광부로 가서 고생을 하며 돈을 벌었고, 그곳에서 만난 간호사와 결혼하여 지금 전주에서 넉넉하게 잘 살고 있다. 우리나라에 그런 사람들이 어찌 한두 명뿐이겠는가? 지금도 독일을 떠올리면 그저 고맙다는 생각이 든다.

마지막 날 오후 푸랑크푸르트 시내를 구경하고 공항 근처 면세점에 들러 선물을 몇 가지 사고서 우리나라 돈으로 계산을 하니, 이 면세점이 독일 것인지 한국 것인지 헷갈렸다. 바로 이웃인 푸랑크푸르트 공항으로 가서 짐을 부치고 한가하게 기다리다 인천국제공항으로 떠나는 독일항공 LH712호에 올랐다. 오늘은 하늘에서 잠을 자게 되는 날이다.

(2016. 7. 7.)

Chapter 3

아프리카 여행기

네 가지 말로 부르는 남아공 국가國歌

아프리카 속의 라스베가스, 선 시티

시인이 대통령이던 나라, 세네갈

세네갈 무명화가의 그림 한 점

아프리카, 조물주가 아껴둔 미래의 땅

굿바이 아프리카

네 가지 말로 부르는 남아공 국가國歌

—아프리카 여행기 ①

남아프리카공화국은 대통령중심제이지만 이상한 체제를 갖고 있는 나라이다. 입법수도는 황금의 도시 '요하네스버그'이고, 행정수도는 계획도시 '프레토리아'이며, 사법수도는 '블롬폰테인'이다. 이 나라에서 가장 큰, 인구 5백만의 도시 요하네스버그는 교통의 요충지. 국제공항이 있어서 아프리카와 세계를 연결하는 관문역할을 맡고 있다. 다른 대륙에서 아프리카 53개 나라로 가려면 일단 이곳을 거치지 않으면 안 된다.

아프리카 최대의 상업도시인 요하네스버그는 아프리카 총 GNP의 30%를 차지할 정도로 막강한 경제력을 지닌 도시인데 그 경제권을 백인들이 쥐고 있다. 아프리카 남단의 해발 1,800미터의 고원지대에 위치한 요하네스버그는 황금 때문에 생성된 도시라고 한다. 그러기에 '이골리' '노다지' 등 금이 나오는 곳이라는 별명으로도 불린다. 1886년에 어떤 광부가 우연히 이곳에서 금맥을 발견하면서 황무지인 이곳에 사람들이 모여들기 시작했고, 유럽의 백인들까지 달려들면서 오늘날처럼 대도시로 발전하게 된 것이다. 금이 사람을 불러 모으는 것은 동서고금이 다를 바 없는 모양이다.

세계의 큰 도시들은 대개 강을 끼고 발전했다. 영국의 런던은 템즈강을, 프랑스의 파리는 세느강을, 우리나라의 서울은 한강을 품에 안고 발전하지 않았던가. 그런데 이 요하네스버그는 고원지대여서 그런 강이 없는 도시라는 게 특색이다.

1961년 영국으로부터 독립한 남아프리카공화국은 백인이 지배하다가 1994년 흑인인 만델라가 대통령이 되면서 인종차별정책(아파르트헤이트)을 폐지하였고, 그 때문에 흑·백 인종 간의 화해가 이루어졌다. 만델라 대통령은 백인들의 재산을 인정하고 자유로운 경제활동을 허용해 주었다. 그런데 이웃 나라인 케냐에서는 백인들의 재산을 몰수하고 일시에 추방하는 바람에 나라의 경제가 위축되었다고 한다. 오늘날 남아공은 국민소득이 3천 달러인데 비해 케냐는 3백 달러에 지나지 않는다. 이성적으로 대처한 남아공과 감정적으로 대응한 케냐의 백인 처리방식에서 모름지기 교훈을 얻어야 할 것 같다.

요하네스버그의 자랑인 아프리카박물관은 아프리카의 상징적인 유물유적과 흑인문화유물들이 수만 점이나 전시되어 있어서 아프리카를 이해하는데 많은 도움이 된다는데 방문할 기회를 갖지 못해 아쉬웠다.

요하네스버그에서 북동쪽으로 60킬로미터 지점에 행정수도인 프레토리아가 있다. 잘 가꾸어진 계획도시인 그곳에는 대통령 집무실과 관저 그리고 행정부 각 청사와 중앙은행, 국립도서관 등이 있다. 널따란 언덕에는 5층 높이의 보어트리카기념관이 있는데 이 웅장한 석조건물의 외부와 내부 벽에는 보어전쟁 때 네덜란드와 보어인들이 원주민과 함께 투쟁한 역사를 생생하게 조각해 놓았다. 그러기에 이 곳은 남아공을 찾는 관광객들이 꼭 둘러보아야 할 필수 관광코스가 되고 있다.

남아프리카공화국은 공식 언어가 11가지나 된다. 그래서 그런지 국가國歌도 네 가지 말로 부른다고 한다. 첫째소절은 줄루어로, 둘째소절은 세소토어, 셋째소절은 아프리칸스어, 넷째소절은 영어로 부른다는 것이다. 맨 처음 누가 이런 아이디어를 냈는지 모르지만 총천연색 국가라고 해도 좋을 듯싶다.

6 · 25때 우리나라를 도와 준 UN참전국 중 아프리카대륙에서는 에티오피아와 남아공 두 나라가 있다. 남아공은 전투기 조종사 38명을 지원했는데 그 중 6명이 실종 또는 전사했다고 한다. 남아공은 오래 전부터 우리의 우방이자 혈맹이다. 그런 남아공에서는 LG가 전자제품을 장악하고 있고, 삼성은 고급 핸드폰을 석권하고 있으며, 현대자동차도 인지도가 높다는 것이다. 가이드로부터 그 이야기를 듣자 괜히 콧날이 시큰해지고 어깨가 으쓱해졌다.

남아공의 제2도시인 케이프타운에 가려면 요하네스버그에서 2시간쯤 비행기를 타야 한다. 케이프타운에 가면 마치 구라파 어느 도시의 한 모퉁이를 떼어다 옮겨 놓은 듯한 느낌을 받는다. 유럽풍으로 잘 가꿔진 까닭이다. 금과 다이아몬드를 찾아 남아공으로 달려온 유럽의 백인들이 케이프타운을 좋아하여 이곳에 자리를 잡고 개발한 도시로서 인구가 250만에 이른다.

우리가 희망봉이라고 부르는 희망곶(Cape of good hope)은 바로 대서양과 인도양이 합수合水하는 곳이다. 즉 구미문명의 물결과 아시아문명의 물줄기가 그 희망곶에서 만나 몸을 섞는다는 이야기다. 나는 그 바다에 들어가서 손발을 씻기도 했다. 대서양과 인도양의 물은 태평양의 물과 다를 바 없었다. 이 희망곶에서 다른 한국관광객 두 팀을 만나니 반가웠다. 우리나라의 국력이 이렇게 커졌나 싶어 기분이 좋았다.

"아프리카는 인류의 출발지였을 뿐 아니라, 문화와 인력의 기증자였고, 또한 문명의 기수역汽水域이기도 하다."

케이프타운 가이드 이승한 씨가 소개해 준 이 말은 참으로 의미가 크다고 하지 않을 수 없다. 고고학적으로 모든 인류는 3백만 년 전 '루사'라 명명된 한 여인을 공통의 대모大母로 여긴다고 한다. 그 후손들이 아프로유라시아(Afro-Eurasia) 각 지역으로 번져 나갔고, 그에 따라 문명의 동선動線이 길게 이어졌다는 것이다. 그러고 보면 이 지구상의 모든 사람은 피부색깔에 상관없이 형제라 할 수 있지 않을까.

1488년 포르투갈의 탐험가 보솔로뮤 디아스가 처음 발견했다는 희망봉은 아굴라스곶에 자리 잡고 있어서 풍랑이 심할 뿐 아니라 삼각파도가 몰아쳐 상륙하기가 무척 어려운 곳인데 디아스는 천신만고 끝에 아굴라스곶에 올라 그 이름을 희망곶이라고 이름을 지었다고 한다. 희망곶을 찾은 관광객들은 바닷가 'Cape of good hope'란 푯

말을 앞세우고 기념사진을 찍으면 탐험가 디아스의 기쁨을 맛볼 수 있을 정도로 기분이 상쾌해진다.

50킬로미터나 되는 케이프반도는 해안선을 따라 경관이 수려하고 어촌풍경 또한 아름답고 낭만적이다. 이곳이 국립공원으로 지정된 남아공 최대의 관광지다. 배를 타고 찾아가 본 물개섬에는 수 천 마리의 물개들이 바위에 웅크리고 앉아 있었다.

"해구신海狗腎은 어디서 파는 거지?"

누군가가 이런 농담을 던져 모두 웃었던 기억이 새롭다. 250년 전 백인들이 처음으로 상륙했다는 조그만 어촌 시몬스 마을 어귀 볼더스비치에는 펭귄들이 무리를 지어 살고 있었다. 펭귄들이 서식하는 곳이기에 펭귄비치라고도 부른다. 남극에만 사는 것으로 알았던 펭귄을 남아프리카 해안에서 만나니 신기했다. 아장아장 걷는 펭귄의 걸음걸이는 아기걸음마 같았지만 어미닭보다는 작아 보였다.

아름다운 항구도시 케이프타운을 한 눈에 볼 수 있다는 테이블 마운틴에 오르는 방법은 두 가지였다. 도보나 케이블카로 오를 수 있는데 우리는 케이블카를 탔다. 원형인 케이블카의 바닥 가운데 부분이 원형으로 되어 있어서 관광객들이 그 원 안에 서있으면 빙빙 돌아서 고개를 돌리지 않고도 사방을 두루 구경할 수 있었다. 아슬아슬한 절벽에서 수직으로 운행되는 케이블카를 어떻게 설치했는지 감탄하지 않을 수 없었다. 산상의 매점에서 커피를 마시며 케이프타운과 잔잔한 바다를 굽어보는 맛은 그만이었다. 해발 1,085미터인 테이블 마운틴은 바위산인데 정상에 오르니 평평한 바위가 널찍한 책상처럼 펼쳐져 있었다. 그 테이블 마운틴 정상에서 가까운 곳에 안개가 뒤덮인 악마의 산이 있었다. 신들이 담배 피우기 시합을 하느라고 늘 그렇게 안개가 낀다고 했다.

워터프론트에서 배를 타고 1시간쯤 가면 닿을 수 있는 로번 섬은 만델라 대통령이 민주화운동을 하다 종신형을 선고 받고 27년 동안이나 갇혀있었던 감옥이 있는 섬이다. 그 감옥에 한 번 들어가면 어느 누구도 살아서 나올 수 없었단다. 그 감옥에서 석방되는 일이 있더라도 그 섬 밖으로 벗어날 수 없기 때문이었다. 섬 주변에는 상어들이 살고 있으니 헤엄쳐서 바다를 건널 수도 없었을 것이다. 그 감옥에서 살아 나온 사람은 만델라뿐이고, 그 만델라는 국민의 절대적 지지를 얻어 1994년 대통령에 당선되었다. 27년 동안의 처절한 감옥생활을 한 만델라 대통령이 인종차별정책을 폐지하여 인종 간의 화합을 도모하였다. 또 대통령 연임도 가능했지만 임기 4년 단임으로 끝낸 것을 보면 만델라야말로 욕심을 모르는 신사였다는 생각이 들었다. 그 로번 섬에는 박물관이 있어서 만델라의 민권운동기록과 투쟁사를 살펴볼 수 있다는데, 그 섬까지 가지 못하고 멀리서 섬을 바라보며 가이드의 설명에만 귀를 기울이자니 아쉬웠다.

아프리카 속의 라스베가스, 선 시티

—아프리카 여행기 ②

선 시티(SunCity)는 남아프리카공화국이 미국의 라스베가스를 본떠서 만든 대규모 리조트다. 나는 아프리카 방문 첫날밤을 이 선 시티에서 맞았다. 33년 전 신혼여행 때의 첫날밤은 아내와 함께 보냈지만 이번 아프리카여행 첫날밤에는 건장한 사나이 ㅎ씨가 파트너였다.

선 시티는 초호화 호텔과 카지노, 온천시설, 워터풀장, 수상스키장, 제트스키장, 보트장, 각종 오락시설과 회의시설, 세계적인 골프장까지 두루 갖춘 환상적인 위락도시였다. 인기 가수 마이클 잭슨이 남아프리카를 찾으면 꼭 이 선 시티의 팰리스호텔에서 묵어간다는 이유를 알만했다. 또 미스 월드 선발대회를 이 호텔에서 개최하여 세계인의 관심을 끌었다는 이야기가 실감났다. 이 선 시티를 찾아 가려면 요하네스버그에서 자동차로 2시간쯤 서쪽으로 달려가야 한다.

남아프리카공화국의 유명한 선 그룹(Sun Group)이 태양의 계곡에 레저도시 선 시티를 건설한 것이다. 특히 화려한 팰리스호텔(The Palace at the Lost City)은 1조 3천억 원의 예산이 들었는데 매일 5천 명의 인부가 동원되어 28개 월 만에 완공했다고 한다.

크기나 겉모습만을 보면 호텔이라기보다는 마치 대부호의 성채城砦처럼 보였다. 황토색 돌로 지은 이 호텔의 뾰족뾰족한 첨탑들은 옛날의 전설에나 나오는 성곽처럼 화려하고, 정문 앞의 거대한 분수는 사슴들이 도약하는 모습이어서 아름다운 아프리카의 장식미裝飾美를 엿볼 수 있었다. 또 오렌지색 황혼이 그 호텔을 덮을 저녁때쯤이면 호텔 입구에 있는 거대한 코끼리 상들과 높은 기둥 위로 불이 지펴져 장관이었다. 마치 밀림 속의 비밀궁전을 찾은 듯한 느낌이라고나 할까.

선 시티는 라스베가스처럼 낮보다 밤이 훨씬 더 화려했다. 몸집이 커다란 코끼리가 어슬렁어슬렁 호텔로 걸어 들어와 놀다가기도 한다. 아프리카의 라스베가스란 말이 결코 과장이 아니라는 생각이 들었다. 비록 이 호텔에서 묵지 않더라도 1인당 10달러씩을 내고 호텔 주요시설을 둘러보며 기념사진을 찍을 수도 있었다. 호텔 주변에는 숲이 울창한 정원이 있는데, 그 정원에는 잘 다듬어진 산책로가 있었다. 맑은 공기를 마시며 한가롭게 거니노라니 심신이 상쾌했다.

남아프리카는 겨울인데도 호텔 수영장에서는 일광욕을 즐기는 백인들이 있어서 눈길을 끌었다. 우리 일행은 아쉽게도 유명한 그 팰리스호텔을 눈으로만 구경하고 CABANAS호텔에서 여장을 풀어야 했다.

세계적으로 이름난 선 시티의 카지노는 피부색을 가리지 않고 손님이라면 누구나 반겨 맞는다. 널따란 홀 안에 줄지어 카지노 기기가 설치되어 있는데 거의 빈자리가 없을 정도였다. 심지어는 아이들을 위하여 재미있는 놀이기구까지 마련해두고 있어서 아이들을 데리고 온 엄마들도 걱정 없이 카지노를 즐길 수 있다. 우리 일행 중에서도 여류 시인 ㄱ과 ㅇ이 미국의 라스베가스를 찾았을 때 경험했던 솜씨로 선 시티에서 카지노에 도전했지만 소득이 있었는지의 여부는 모른다. 자녀들과 함께 이 선 시티에 찾아가 골프도 치고 수영도 즐기면서 일주일 정도 휴가를 보내면 좋겠다는 생각이 들었다.

남아프리카공화국은 재미난 나라였다. 종신형을 선고받고 27년이나 복역했던 넬슨 만델라가 출옥한 뒤 흑인 최초의 대통령이 된 것도 그렇고, 남아공 백인정권의 마지막 대통령을 지낸 데 클레르크가 만델라 대통령 밑에서 부통령으로 취임한 것도 세계에서 유례가 없는 일이라고 한다. 그뿐이 아니다. 만델라 대통령이 재혼한 놈자모 위니프레드 여사는 모잠비크 어느 대통령 부인이었는데 사별한 뒤 만델라와 재혼하였으니 두 나라의 대통령 영부인이 된 셈이다. 이 역시 사상 유례가 없는 일이라고 한다. 일찍이 약속과 기록은 깨뜨려지기 위하여 존재한다고 했지만 앞으로 이 나라에서는 또 어떤 진기록이 나올지 기대가 된다.

이번 아프리카 여행은 밤의 문화가 없어 아쉬웠다. 몇몇이 어울려 이국의 색다른 술집과 공연장을 찾는 일이 해외여행의 재미인데 그게 없어 섭섭했다. 저녁식사를 마치고 나면 그대로 숙소로 돌아가

샤워를 한 다음 텔레비전을 시청하면서 밤을 보내야 했다. 텔레비전에서 프로그램을 보면 그 나라가 어느 나라의 식민지였는지 금세 알 수 있었다. 영국의 식민지였던 남아프리카공화국의 텔레비전은 가끔 아프리칸스어나 원주민의 말로 방송할 뿐 거의 모든 프로그램을 영어로 방송하고 있었다.

이 나라의 텔레비전 역시 럭비와 축구를 주로 중계방송했는데 특히 럭비에 대한 남아공국민들의 열정은 대단한 것 같았다. 스포츠 중계는 눈으로 보면 알 수 있기에 지루한 줄 모르고 밤을 보낼 수 있었다. 밤이 깊었는데도 잠이 오지 않아 호텔 마당으로 슬그머니 나가 보았다. 밤하늘을 올려다보니 무수한 별들이 보석처럼 빛나고 있었다. 문득 남아프리카공화국이 세계에서 첫째가는 금과 다이아몬드 생산국이라는 기억이 떠올랐다. 이 나라는 아직 공기가 오염되지 않고 자연이 훼손되지 않았기에 맑은 밤하늘에서 많은 별들을 볼 수 있으려니 싶었다. 우리나라의 밤하늘에도 저렇게 많은 별들이 빛나던 때가 있었기에 더 부럽다는 생각이 들었다.

시인이 대통령이던 나라, 세네갈

—아프리카 여행기 ③

겨울옷 차림으로 남아프리카공화국 요하네스버그공항을 떠난 일행은 한여름인 세네갈의 수도 다카르공항에 도착했다. 다카르는 후텁지근한 여름 날씨였다. 옷을 바꿔 입지 못한 우리 일행은 겨울옷을 입고 땀을 뻘뻘 흘리며 견딜 수밖에 없었다. 세네갈은 우리나라의 여름 날씨와 비슷했기 때문이다.

서 아프리카에 위치한 세네갈은 우리나라 남북한보다 면적이 조금 작고 인구는 약 950만 명. 이 나라는 전체 인구의 44%가 월로프족(Wolof)이고, 23%는 푸아르족(Puaar), 나머지 15%는 세레르족(Ser eres)으로 구성되어 있다. 또 언어는 프랑스어를 공용어로 사용하며, 월로프어도 함께 사용한다. 인구의 94%가 이슬람교를 신봉하며, 나머지 5%는 천주교신도이고, 토속신앙 신봉자는 1%정도다.

아프리카에서 가장 문화수준이 높은 나라 중 하나로 알려진 세네갈. 세네갈은 1960년 프랑스로부터 독립한 나라다. 시인으로서 노벨

문학상을 수상하기도 한 레오폴드 세다르 셍고르가 세네갈공화국의 초대 대통령이었으니 그야말로 시인공화국이었던 셈이다. 우리나라에서는 언제쯤 이처럼 시인 대통령이 나올 수 있으려나싶어 부럽다는 생각이 들었다. 이 세네갈에서는 셍고르를 비롯하여 작가인 부알라 신부, 영화감독 우스만 셈벤 등 이름난 예술인들을 많이 배출했다. 이처럼 문학과 예술을 숭상하는 나라였기에 '제73차 국제펜클럽대회'를 유치했으리라.

한국펜대표단 14명은 행사장인 메리디엔 프레지던트 호텔에 여장을 풀고 봉고차를 빌어 타고 오전 관광길에 나섰다. 다카르에서 1시간쯤 달리니 핑크 레이크Pink Lake: 핑크 빛 호수에 이르렀다. 호숫가 모래밭에는 무더기무더기 모래성이 쌓여 있었다. 가까이 다가가 보니 그것은 모래가 아니라 소금더미였다. 핑크 레이크는 중동의 사해死海: Dead Sea와 비슷했다. 이 호수는 태양빛의 강도에 따라 맑은 날 낮에는 호수물이 진한 핑크빛을 띄게 되어 핑크호수 또는 장미호수라 불리게 되었다고 한다. 폭 8km에 길이가 35km인 이 호수는 보우놈 강에서 호수남쪽 끝으로 흘러들어 락 로즈(Rac Rose)를 형성하고 있다. 이 호수는 그리 깊지 않은데 호수 물 1리터당 380그람의 소금을 얻을 수 있다니 이 지역 주민들에게는 큰 소득원이 되리라.

낯선 외국인들인 우리가 봉고차에서 내리자 흑인 아이들이 목걸이와 토속상품을 내밀며 사달라고 아우성이었다. 일행 중 몇몇이 그들과 어깨동무를 하고 사진을 찍자 돈을 달라며 또 손을 내밀었다. 호수 주변에는 조그만 초가마을이 있었다. 저런 곳에도 사람이 살까 싶을 정도로 초라하고 가난해 뵈는 집들이었다.

세네갈의 수도 다카르에서 핑크 레이크까지 1시간 남짓 오가며 창밖을 내다보니 4, 50년 전의 우리네 모습을 보는 듯했다. 길거리에는 폐차기간을 넘긴 듯한 낡은 자동차와 마차馬車 그리고 보행자가 엉켜 저마다 눈치껏 지나다니고 있었다. 무질서 속의 질서라고나 할까? 도로에는 차선이 그려져 있지 않고, 신호등도 눈에 잘 띄지 않았다. 또 도시나 농촌 가릴 것 없이 쓰레기가 넘쳤다. 아예 청소가 무엇인지 모르는 사람들 같았다. 그 쓰레기들을 눈여겨 살펴보니 선진국에서 수입하여 먹고 버린 빈 캔이나 식료품 포장지들이 대부분이었다. 문명의 찌꺼기들이었던 것이다.

호텔로 돌아오자마자 '제73차 국제펜클럽대회'가 열릴 강당으로 갔다. 벌써 세계 여러 나라에서 온 많은 펜클럽회원들이 자리 잡고 있었다. 흑 · 백 · 황인종이 어울려 끼리끼리 담소를 나누는 모습이 보기 좋았다. 자리마다 동시통역을 들을 수 있는 이어폰이 설치되어 있었으나 국제펜클럽대회의 공식 언어가 영어와 프랑스어기 때문에 나에게는 크게 도움이 될 것 같지 않았다. 문득 우리 한글이 세계 공용어가 될 날은 언제일까 하는 엉뚱한 생각이 들었다. 그렇게 되는 날 한글로 창작활동을 하는 한국의 문인들 중에서 노벨문학상 수상자가 많이 나올 텐데….

압둘라예 와레 세네갈 대통령이 늦게 도착하는 바람에 기념식도 조금 미루어졌다. 그만큼 세네갈의 민속음악을 더 감상할 수 있어 즐거웠다. 음악은 만국의 공통어란 말이 실감났다. 기념식이 끝난 뒤 다카르 시장이 베푼 리셉션이 열렸다. 버스와 택시 편으로 교통순경의 안내를 받으며 리셉션장에 도착했다. 좁은 홀에서 많은 펜클럽 회원들이 서성거리고 있는데 몇몇 세네갈 사람들이 음료수와 간단한 음식을 들고 다니며 나눠주었다. 나는 나중에 식사 때 먹으려고 기다리는데 세네갈 출신인 국제펜클럽대회 조직위원장과 다카르 시장이 프랑스어로 간단히 연설을 하더니 리셉션이 끝났다고 했다. 너무 싱거웠지만 우리 일행은 털털 굶은 채 호텔로 돌아와 늦은 저녁식사를 하지 않을 수 없었다.

우리가 사흘 밤이나 묵은 메리디엔 프레지던트 호텔은 시설이 아주 좋았다. 그 호텔 옆에서는 대서양이 출렁거리고 있었다. 나는 혼자서 슬그머니 바닷가로 가서 처음으로 대서양에 발을 담그고 손을 씻었다. 태평양과는 자주 만났지만 대서양과는 처음 만나 인연을 맺은 것이다.

저녁식사가 끝났는데도 요하네스버그공항에서 부친 짐이 도착하지 않았다. 무언가 착오가 있었다는 것이다. 그러니 갈아입을 여름옷이 없을 수밖에. 이럴 경우 하루에 70달러어치의 물건을 사고 영수증을 첨부하면 나중에 보상해 준다고 했다. 나는 호텔 상가에서 내복과 간단한 여름옷을 구입했다. 본의 아니게 달러를 낭비하게 되었다. 여름나라 세네갈에서 열리는 국제펜클럽대회에 겨울나라 남아프리카공화국에서 입은 겨울차림으로 참석했으니 처음 참가한 행사지만 오래오래 기억될 것 같다.

세네갈 무명화가의 그림 한 점

—아프리카 여행기 ④

집에서 식사를 할 때마다 벽에 걸린 그림 한 점이 나의 눈길을 끈다. 아프리카 여행 때 세네갈의 고레섬(Ilede Gorree)에서 10달러를 주고 산 세네갈 어느 무명화가의 그림이다. 이 그림이 잘 그려진 그림인지의 여부는 나도 잘 모른다. 그러나 우리나라에서 자주 보았던 한국화나 서양화와는 사뭇 다른 분위기다. 그 그림을 보고 있노라면 내가 다녀 온 아프리카가 주마등처럼 펼쳐진다.

"아프리카는 말만 들어도 눈물이 난다."

이렇게 읊은 어느 시인의 시구가 아니더라도 아시아보다도 훨씬 더 비극적인 대륙이 아프리카다. 아프리카는 유럽과 가까운 거리에 있는 대륙이다. 일찍 개화하고 바다에 눈을 돌린 유럽의 영국·독일·프랑스·포르투갈·스페인·네덜란드·이탈리아·벨기에 등은 앞을 다퉈 아프리카를 찢고 쪼개어 식민지로 삼았었다.

15,6세기 급격한 산업화로 노동력이 필요하자 유럽 여러 나라는

중동이나 먼 아시아보다는 가까운 아프리카에서 필요한 노동력을 구하게 되었다. 그것이 아프리카를 식민지로 삼은 배경이었던 것이다. 서아프리카의 세네갈은 아프리카대륙의 슬픈 역사를 가장 잘 보여주는 나라의 하나다.

고레섬! 세네갈의 수도 다카르에서 배로 15분 거리에 있는 그 고레섬은 길이가 9백m에 폭은 3백m로서 1시간이면 일주할 수 있을 정도로 아주 작은 섬이다. 그 섬이 아프리카 노예무역의 중심지였던 것이다. 인도양의 잔지바르(Zanzibar)섬과 대서양의 고레섬은 노예의 집결지였다고 한다. 그 고레섬이 지금은 백인들의 만행을 되돌아볼 수 있는 관광자원으로 활용되고 있다. 이런 걸 상전벽해라고나 할까?

고레섬에는 지금도 노예의 집이 그대로 남아 있어서 찾는 이들의 마음을 아프게 한다. 그 노예의 집을 이 방 저 방 구경하노라니 소름이 돋았다. '내가 만일 이 방에 갇혀 있다가 노예로 팔려간다면 어떤 심정일까?' 생각해 보니 전율이 느껴졌다. 노예로 팔려간 흑인들의 슬픔이 내 가슴을 아리게 했다.

아프리카에 상륙한 유럽의 백인들은 3백 년 동안 아프리카 전 지역에서 사냥하듯 마구잡이로 붙잡은 흑인 2천만 명을 이 고레섬에 가둬두었다가 유럽이나 미국으로 보내 팔았고, 또 수백 만 명이 이곳에서 병에 걸리거나 맞아서 죽었다고 역사는 전한다. 그때 아프리카의 흑인들은 사람이 아니라 소나 돼지 등 가축이나 다를 바 없이 취급되었을 것이다. 아니, 어쩌면 그 이하의 대우를 받았는지도 모른다. 그때 하느님은 이처럼 참혹한 현상을 왜 방관만 하셨을까?

백인들은 아프리카 전역에서 잡아온 노예들의 발목에 쇠고랑을 채우고 이 노예의 집에 가두어 두었다. 우리 속의 가축이나 무엇이 다르랴. 불행하게 노예로 붙잡힌 흑인들은 자신이 어디로 팔려 가는지도 모른 채, 이 노예의 집에 갇혀서 대서양 푸른 물결을 바라보며 통한의 눈물을 흘렸을 것이다. 노예의 집 벽에는 흑인들이 몸부림치며 벽을 긁었던 손톱자국이 지금도 선명하게 남아 있고, 옛날 노예들의 발목에 채웠던 쇠고랑도 그 모양 그대로 전시되고 있어 보는 이들을 섬뜩하게 만든다.

여자의 방, 남자의 방, 어린이 방 등으로 나누어진 노예의 집에는 가족과 생이별한 흑인들이 백인들의 채찍을 맞으며 억지로 끌려와 갇혔을 것이다. 그 흑인들은 자기들이 끌려갈 유럽과 아메리카가 어디인지도 모르면서 고향 아프리카를 떠났으리라. 부부나, 부모자식이 헤어지면서도 서로 어디로 가는지도 모를 수밖에 없었던 게 그때의 흑인들이었다. 그 비통한 슬픔을 어떻게 위로 받을 수 있으랴. 그러니 그들은 자유가 주어진다 해도 이산가족離散家族 찾기조차 할 수 없었을 것이다.

고레섬 노예의 집 마당에는 날마다 세계 방방곡곡에서 찾아온 관광객들이 빽빽하게 들어찰 것이다. 그들은 해설자의 설명에 귀를 기울이면서도 기념사진 찍기에 바쁠 것이다. 세네갈 흑인들은 옛날 노예로 팔려간 조상들의 그 아픈 상처를 벌써 잊어버렸는지 하나라도 더 상품을 팔고자 안간힘을 다하고 있어서 오히려 눈물겨웠다. 노예의 집이 있던 긴 골목에는 상점들이 즐비하게 들어서서 관광객들을 유혹하고 있었다. 노예로 끌려간 옛 조상들의 비극은 어느새 잊은 듯 보여 안타까웠다.

다카르항에서 고레섬으로 가는 배를 타자마자 어떤 흑인 소년이 자꾸 내 구두를 닦으라고 졸랐었다. 그러나 나는 싫다고 했다. 그런데 고레섬이 가까워지자 배 위에서 또 구두를 닦으라고 권했다. 나는 마지못해 고개를 끄덕거렸다. 우리나라의 구두닦이처럼 솜씨가 좋은 건 아니었다. 그런데 내 구두를 닦고 있는 소년은 처음에 구두 닦기를 권한 그 소년이 아니었다. 구두를 닦는 그 소년의 뒷자리에 앉아서 나를 바라보는 그 소년은 서운한 눈빛이었다. 나는 괜히 그 소년에게 미안했다. 설마 조그만 배 안에 구두닦이 소년이 두 명이나 있을 줄 몰랐던 게 나의 실수였다. 서운해 하던 그 소년의 눈빛이 영 지워지지 않는다. 구두 한 켤레 닦지 못한 소년의 눈빛이 저러할 때 노예로 끌려간 흑인들의 절망어린 눈빛은 어땠을까?

세네갈 고레섬에서 10달러를 주고 산 무명화가의 그림 한 점은 언제나 나에게 아프리카에서의 추억을 되새겨 주고, 슬픈 아프리카의 역사를 소곤소곤 들려줄 것이다.

아프리카, 조물주가 아껴둔 미래의 땅

—아프리카 여행기 ⑤

아시아의 조그만 나라 대한민국에서 태어난 내가 널따란 아프리카 땅을 밟기까지엔 무려 65년의 세월이 걸렸다. 내가 처음 아프리카란 말을 들은 것은 초등학교 사회시간에 5대양 6대주를 배우면서부터였다. 사실 아프리카가 지구의 어느 구석에 붙어 있는지도 모르면서 그냥 달달 외웠을 뿐이다. 그 뒤 아프리카를 잊었지만 살아가는 데는 아무런 불편이 없었다.

철이 든 다음에도 아프리카 하면 바로 텔레비전에서 보았던 '동물의 왕국'이나 '타잔' 혹은 영화에서 보았던 '아웃 오브 아프리카' '블러드 다이아몬드'밖에 떠오르지 않았다. 가끔 신문이나 텔레비전을 보고서 아프리카는 에이즈가 창궐猖獗하고, 영양실조 어린이들이 많으며, 종족 간의 내전이 잦은 곳으로만 알게 되었다.

아프리카에 대하여 아는 것도 없고 알려고도 하지 않았던 내가 그곳에 갈 기회가 생겼다. 세네갈공화국의 수도 다카르에서 열리는 제

73차 국제 펜클럽대회에 한국대표의 일원으로 참가해야 했기 때문이다. 아프리카에 가려니 여행수속부터가 복잡했다. 전주에 사는 내가 서울 국립의료원까지 찾아가서 파상풍과 디프테리아 예방접종을 하고 말라리아 약도 사서 복용해야 하니 비용도 만만치 않았다.

인천국제공항에서 바로 아프리카로 가는 비행기도 없었다. 우리나라와 아프리카가 어떤 외교관계인지 알만했다. 홍콩공항에서 남아프리카공화국 요하네스버그로 가는 비행기로 바꿔 타야 했다. 7월 2일 저녁 8시, 인천국제공항을 출발한 커세이 퍼시픽 CX419호 비행기는 2시간 40분 만에 홍콩국제공항에 내렸다. 밤하늘에서 굽어본 홍콩의 야경은 보석을 뿌려놓은 듯 찬란했다. 이래서 홍콩을 동양의 진주라 했던가? 홍콩공항에서 두어 시간 동안 비행기의 이착륙을 구경하며 뭉그적거리다 남아공 요하네스버그로 가는 비행기 SA287호에 올랐다. 객실에 들어서니 검은 피부의 승객이 많이 눈에 띄었다. 아프리카가 한 발짝 더 가까워진 느낌이었다.

예정보다 10분 늦은 자정 무렵 비행기는 공항을 이륙했다. 북반구를 떠난 비행기는 무려 13시간이나 남반구인 요하네스버그를 향하여 쉬지 않고 날았다. 같은 비행기를 탄 검은색 · 흰색 · 노랑색 승객들은 잠을 자거나, 신문이나 책을 읽기도 하고, 이어폰으로 음악을 감상하는 등 멋대로 시간을 죽이고 있었다. 아프리카를 찾아가는 지루하고도 긴 여로였다.

아프리카의 관문인 요하네스버그공항에 도착했다. 아프리카의 첫날 아침은 우리네 가을아침처럼 상쾌했다. 그 동안 '검은 대륙 아프리카'란 말을 귀에 못이 박히도록 들었다. 그래서 나는 아프리카는 사람의 피부가 검듯 땅도 하늘도 강물도 검은 색이려나 생각했었다. 하지만 아프리카와 아시아는 다른 게 거의 없었다. 나뭇잎은 초록색이고, 강물은 푸르렀으며, 땅은 흑갈색이고, 하늘은 우리네 가을하늘 그대로였다. '검은 대륙 아프리카'란 말은 백인들이 맨 처음 이 아프리카를 찾았을 때 검은색 선 그라스를 끼고 바라보고 평했던 게 아닐까 싶었다.

아프리카는 1년 내내 여름만 있는 열사의 나라인 줄 알았다. 그런데 그게 아니었다. 남아프리카공화국은 지금 겨울이지만 우리나라의 늦가을 같았다. 출국수속을 마치고 나서니 가이드 유영 씨가 기다리고 있었다. 다시 버스를 타고 두어 시간 달려서 선 시티(SunCity)로 이동했다. 늙수그레한 가이드는 15년 전에 선교하러 온 목사라고 자신을 소개했다. 아들은 한국에서 살지만, 독일인과 결혼한 딸과 자기 아내도 이곳에서 가이드로 일한다고 했다.

공항에서 선 시티로 가는 도로 양쪽은 황량하기 이를 데 없었다. 나무가 울창하지도 않고, 풀이 무성하지도 않았다. 허름한 단층집들만 띄엄띄엄 눈에 띌 뿐 전혀 개발이 되지 않아 버려진 땅 그대로였다. 수원水源이 부족한 까닭이라던가? 부지런한 우리나라 농민들을 데려오면 이런 황무지라도 기름진 옥토로 만들 수 있을 텐데….

남아프리카공화국의 면적은 한반도의 6배지만 인구는 우리나라와 비슷한 4,500만 명. 그 나라의 백인과 유색인의 인구비율은 25:75인데 경제력은 오히려 93:7이라고 하니 빈부격차가 얼마나 심각한지 알만했다. 이렇게 된 것은 1994년 만델라가 집권하기 전까지 극우 백인정권들은 흑인들에게서 교육과 통신, 교통의 기회를 박탈하는 극심한 인종차별정책으로 정권을 유지한 탓이다. 그러니 흑인이 가난할 수밖에. 남아공에도 승용차가 많은데 그 차를 몰고 다니는 것은 백인들이고, 걸어 다니는 사람은 모두 흑인들이다.

프란츠 파농은 그의 저서 『검은 피부 하얀 가면』에서 '백인은 문명을 건설한 인종이고, 흑인은 자연에 동화되어 지내는 인종'이라는 이분법으로 구분했다. 백인의 시각을 그대로 진솔하게 드러낸 이야기려니 싶다. 흑인을 원숭이와 백인 사이의 중간적 존재로밖에 취급하지 않은 백인들을 언제까지 이대로 눈감아 주어야 할지….

세계적인 명문대학인 케이프타운대학조차 남아공 국적의 교수는 찾아볼 수 없고, 모두 이웃나라에서 수입하여 활용한단다. 그런데도 남아프리카공화국은 지금 이웃나라인 블랙아프리카의 영재들을 모아 교육을 시킨 뒤 자기 고국으로 돌려보내고 있다. 아프리카대륙의 앞날을 위한 남아공정부의 투자라고나 할까?

실업률失業率 · 범죄 · 빈부격차 · 에이즈, 이것이 남아공 정부가 풀어야 할 긴급한 과제라고 한다. 비교적 형편이 좋다는 남아공이 이런 실정이니 이웃 아프리카 나라들의 사정은 어떨 것인가? 수영장과 테니스장이 딸린 저택이 백인가정의 생활수준인데 반해 흑인 집단거주지는 우리나라의 5, 60년대 수준에 머물고 있다. 부유한 백인들은 2~300세대의 전체 부지를 1차 고압철조망으로 보안장치를 하고, 또 집 외곽에도 보안장치를 하며, 출입문 등 이중삼중 보안장치를 할 뿐 아니라 일부 주택에는 열 감지 센서까지 설치하여 깊은 밤에 주방에 가려면 보안장치를 중단시켜야 할 정도로 치안이 불안하다는 것이다. 오죽하면 지갑 속에 비상금으로 200랜드(한국 돈 3만 원)정도를 넣고 다녀야 거리에서 강도를 만날 때 그 돈을 합의금으로 주어야 한다지 않던가.

아시아대륙에도 크고 작은 나라들이 많지만 이 지구상에서 유라시아대륙 다음으로 크다는 아프리카대륙에는 무려 53개 나라가 있다. 2010년에는 아프리카에서 처음으로 남아프리카공화국이 월드컵축구대회를 열었다. 지금 그 준비에 최선을 다하고 있으니 2010년에는 아프리카가 세계로 열린 창(TV)을 통해 세계인의 마음에 지금보다 훨씬 더 가까이 다가섰다.

아프리카의 라스베가스라는 선 시티에서 첫날밤을 보냈다. 호텔 뜨락을 서성거리며 바라본 밤하늘엔 아름다운 별들이 다이아몬드처럼 초롱초롱 빛나고 있었다. 아시아에서 찾아간 귀한 손님들을 환영하려고 하늘 높이 축포를 쏘아 올린 것 같았다. 문득 어린 시절 고향에서 쳐다본 밤하늘을 떠올렸다. 아시아나 아프리카나 밤하늘의 별빛은 다를 게 없지만, 아프리카의 밤하늘에 별들이 더 많은 것을 보면 아프리카에는 영혼이 맑은 사람들이 더 많이 살고 있는 모양이다. 아프리카, 그곳은 조물주가 아껴둔 미래의 땅이자 순수한 처녀지려니 싶었다.

굿바이 아프리카

—아프리카 여행기 ⑥

설렘을 안고 찾아갔던 아프리카에 연민의 마음을 남겨두고 10여 일만에 돌아와야 했다. 아프리카대륙의 53개 나라 가운데 고작 남아프리카공화국과 세네갈공화국 두 나라만을 주마간산 격으로 대충대충 둘러보고 돌아온 셈이니, 코끼리 비스킷이라 해도 할 말은 없다.

이번 아프리카 여행에서 가장 인상 깊었던 점은 검은 불상佛像을 만났다는 사실이다. 남아프리카공화국 야외조각전시장에서였다. 다양한 주제의 조각품들이 즐비하게 전시되어 있었는데 새까만 오석烏石으로 조각한 불상이 눈에 띄어 깜짝 놀랐다. 지금까지 검은 불상을 한 번도 본 적이 없었기 때문이다. 우리나라에서는 어느 사찰을 가거나 으레 불상은 누렇게 도금되어 있거나 돌로 조각한 석 불상뿐인데 새까만 불상을 보게 되니 처음엔 당황스러웠다.

그러나 한 편 생각하니 불교 역시 세계적인 종교이니만치, 황인사회에서는 노랑색 불상이 있듯이, 백인사회에서는 흰 불상이, 흑인사회에서는 검은 불상이 있어야 마땅하겠구나 싶었다. 그 검은 불상을 사진으로 찍어오지 못한 게 몹시 아쉬울 따름이다.

아프리카의 개와 고양이, 말 역시 우리나라의 동물들과 생김새가 똑 같았다. 그러나 그곳에서는 보신탕을 먹는 사람들이 없으니까 아프리카 개는 우리나라 개보다 오히려 행복하려니 싶었다.

남아프리카공화국의 한국음식점 한국관에서 15,000원에 산 국산 소주 참이슬의 맛은 우리나라에서 자주 마셨던 소주와는 달리 별미요 꿀맛이었다. 남아공이나 세네갈 호텔에서 끼니때마다 나온 음식은 진수성찬이었다. 쌀밥도 있는데 김치가 없어서 아쉬웠다. 우리나라 관광객들이 아프리카까지 많이 찾아가게 되면 그 호텔식탁에서도 김치가 나오려니 기대하며 참았다. 홍콩호텔보다 아프리카호텔 음식이 질적으로나 양적으로 훨씬 푸짐하고 훌륭했던 이유는 무엇일까?

홍콩에서 아프리카로 갈 때 비행시간이 13시간이나 소요되니 예쁜 스튜어디스들이 자주 기내식을 가져다주었다. 비행기 속에 가만히 앉아서 영양가 높은 식사만 하다 보니 자꾸 몸무게가 불어나는 것 같았다. 또 아프리카에서 머문 10여 일 동안에도 푸짐한 음식을 배불리 먹고 평소보다 운동을 못하니 살이 찌는 기분을 느끼지 않을 수 없었다. 오죽하면 이런 농담을 건네며 웃었겠는가?

"아프리카에 왔다가 따가운 햇볕 때문에 피부는 검어지고 살이 뒤룩뒤룩 찐 채 돌아가면 아내가 나를 몰라보고 누구시냐면서 문을 열어주지 않으면 어떡하지요?"

아프리카에서는 달력이 눈에 띄지 않았다. 아프리카는 달력을 어떻게 만들어 활용하는지 궁금했는데, 호텔 프론트와 객실 또는 공항과 항구의 도선장에도 달력은 붙어 있지 않았다. 아프리카에서 머물던 10여 일 동안 나는 한 번도 달력을 보지 못했다.

검은 대륙이라고 들어온 아프리카, 그 아프리카에 도착하니 내 입에서는 토막 영어가 자꾸 튀어 나왔다. 피부가 검거나 희거나 상관없이 필요하면 입이 열렸다. 토막영어와 보디랭귀지가 합쳐지니 웬만한 의사소통은 걱정하지 않아도 되었다. 숫기가 없던 나도 나이가 들면서 그만큼 뻔뻔해진 모양이다. 궁하면 통한다는 진리를 깨달았다고나 할까?

남아프리카공화국 케이프타운 Courtyard호텔에서 마지막 아침식사를 마친 뒤 커피를 건네주는 흑인여성에게 나는 점잖게 작별인사를 건넸다.

"Thank you. See you again!"

그녀 역시 웃으며 살짝 고개를 숙였다.

나는 이번 아프리카 여행을 하면서 두 번이나 구두를 닦았다. 세네갈의 다카르항에서 노예집결지 고레섬으로 가는 배를 기다릴 때였다. 열댓 살 정도의 검은 소년이 구두를 닦으라고 졸랐다. 나는 고개를 저으며 배에 올랐다. 고레섬이 가까워졌는데 또 구두를 닦으라고 권했다. 당연히 아까 권했던 그 소년이려니 여기고 고개를 끄덕였다. 한창 구두를 닦고 있는데 맨 처음 구두 닦기를 권했던 그 소년이 내 곁에 앉더니 서운한 눈빛으로 나를 바라보는 것이었다. 나는 그 배에 구두 닦는 소년이 또 있으리라곤 생각조차 하지 못했었다. 미안했지만 어쩔 수 없었다. 나는 쫓기듯 1달러를 건네주고 자리에서 일어서고 말았다. 또 한 번은 요하네스버그공항으로 갈 비행기를 기다리며 케이프타운 공항에서도 구두를 닦았다. 일행 중 누군가가 구두를 닦으면 임금 대접을 받을 수 있다고 허풍을 떨었다. 아닌 게 아니라 편안한 안락의자 7개를 쭉 늘어놓고 20대 젊은 구두닦이들이 손님을 받고 있었다. 어떤 재빠른 청년에게 떠밀려 자리에 앉았다. 담배 한 대참도 되지 않아 구두를 다 닦았다. 1달러를 주고 돌아섰다. 이번에 두 나라에서 구두를 닦아 보았지만 구두 닦는 기술도 우리나라를 따라오려면 멀었다는 생각이 들었다.

이번 아프리카 여행에서 처음 겪었던 일이 또 하나 있다. 남아공 요하네스버그공항에서 짐을 부치고 세네갈 다카르공행 비행기에 올랐다. 두 시간 만에 목적지에 도착했으나 짐이 따라오지 않았다. 그 짐이 어디로 갔는지 알 수도 없었다. 우리는 그냥 호텔로 갔다. 한국의 여행사로 연락을 하여 추적한 끝에 하루 늦게 짐을 찾을 수 있었다. 이럴 경우 하루에 70달러까지 세면도구나 내복 등 당장 필요한 물건을 사고 영수증을 건네주면 보상해 주는 제도가 있다는 사실도 이번에 처음 알았다. 해외여행을 꽤나 해보았지만 이런 경험이 없었기에 그런 보상제도가 있다는 것조차 몰랐다. 사람은 늘 배우면서 사는 존재인 모양이다.

내가 언제 다시 아프리카에 갈지는 모른다. 그러나 오는 11월이면 우리나라 전주에서 아시아와 아프리카 작가 100여 명과 국내작가 100명 등 2백여 명의 문인들이 자리를 같이 하는 세계적인 문학축제가 열리게 된다. '2007 아시아 아프리카 문학페스티벌'이 그것이다. 아시아 아프리카 두 대륙의 민중이 겪었던 고통과 슬픔을 이야기하고, 문학의 미래를 토론하며, 국적과 종교 · 인종을 뛰어넘어 희망연대를 이루게 될 것이라고 한다. 내 고장 전주가 세계문학계에 새로운 논의의 발상지, 새로운 문학의 유통 중심지로 부각될 것이라는 야심찬 프로젝트가 기다리고 있어 기대된다. 세네갈 제73차 펜클럽국제대회에서 만났던 아프리카와 아시아의 문인들을 전주에서 또 만나게 되면 훨씬 더 반가울 것이다.

Chapter 4

중국 여행기

압록강에서 빨래하는 여성들

—중국 여행기 ①

압록강 강물은 중국어로 씨부렁거리고 있었다.

"니 하오(你 好: 안녕하십니까)?"

아니 이 강물이 왜 나에게 중국어로 인사를 하지? 이 압록강 강물이 한국어를 잊어먹은 것인가, 아니면 내가 중국 사람인 줄 아는가? 그럴 법도 하다. 내가 타고 간 요트에는 중국의 오성홍기五星紅旗가 펄럭이니, 중국 관광객으로 오해할 수도 있겠다.

중국의 단동丹東 조그만 포구에서 우리 일행인 단군의 자손 10명을 태운 요트는 중국의 젊은이가 키를 잡고 운항했다. 그 요트들 마다 붉은 색 바탕에 크고 작은 노란색 별 다섯 개가 새겨진 중국 국기를 깃대에 매달고 있었다.

처음엔 유람선을 타고 북한의 위화도威化島를 둘러보기로 했었다. 그런데 갑자기 유람선은 위화도 가까이 갈 수 없으니 한 사람당 한국 돈 5천 원씩을 더 내고 요트를 타야 위화도 가까이 접근할 수 있다고 했다. 누가 반대할 것인가? 우리 일행 46명은 다섯 대의 요트를 타고 압록강 유람에 나섰다. 그런데 하나씩 나누어 준 구명조끼가 어찌나 낡았는지 기분이 썩 좋지는 않았다.

압록강은 폭이 넓은 곳도 있지만 좁은 곳도 있었다. 오죽하면 포구에 일보과一步跨란 글자를 바위에 새겨놓았겠는가? 한 걸음에 건널 수 있을 정도라는 뜻이다. 위화도 가까이 가니 건너편 유초도에서는 아낙네들이 강가에 나와 빨래를 하고 있었다. 날씨가 차가운 11월 12일인데도 여러 사람들이 맨손으로 빨래를 했다. 얼마나 손이 시릴까? 한국의 여성들이라면 이런 날 맨손으로 냇물에서 빨래를 할까? 세탁기가 없는 게 아닌가 싶어 안쓰러웠다. 그래도 우리가 손을 흔드니 그들도 손을 흔들며 반겨주는 여유를 보였다.

요트에서 올려다 본 가을하늘은 전주에서 본 하늘과 다를 바 없이 푸르렀고, 흰 구름 몇 조각이 유유히 흐르고 있었다. 한가롭고 평화로운 풍경이었다. 강바람도 살랑살랑 볼을 간질이며 반갑다는 인사를 건네주었다. 마치 왜 이제야 찾아왔느냐는 것 같았다.

요트에서 바라본 왼쪽 섬은 고려 말 이성계 장군이 왕명을 어기고 회군을 했던 위화도이고, 오른쪽 섬은 유초도라고 했다. 위화도에는 군대막사와 여군막사, 해군초소 등이 보였고, 건너편 유초도에는 여러 채의 주택들이 보였다. 짐을 싣고 가는 소달구지도 보였고, 빨래하러 나온 아낙네를 따라온 개도 볼 수 있었다. 그 유초도는 집집마다 흰 염소를 기르는지 한꺼번에 10여 마리를 몰고 가는 사람도 있었다.

또 강변에는 키가 큰 포플러나무가 줄지어 서 있었는데 간간히 까치집이 눈에 띄었다. 까치는 나들이를 갔는지 까치집은 텅 비어 있었다. 남한의 까치집이나 북한의 까치집은 똑 같았다. 까치집 설계도는 남과 북이 다르지 않은 모양이었다. 사람이 사는 주택모습은 남과 북이 다른데 까치집은 그렇지 않았다. 중국의 까치집도 똑 같았다.

요트가 달리는데 북한의 보초병이 보이자, 요트 기사는 담배 한 보루를 내밀며 2만원에 사서 건네주라고 했다. 관광객들에게 늘 그랬던 것처럼 자연스럽게 권했다. 그런데 그 북한 보초병이 필요 없다며 손을 내젓는 바람에 담배를 건네주지 않았다. 때로는 빈 병속에 중국 돈 위안화나 미국 돈 달러를 넣어 건네주기도 하고, 어떨 때는 차고 간 시계를 벗어주기도 했다고 한다.

북한의 군인들은 우리네 고등학생 또래처럼 어려 보였다. 남녘에서는 11월 12일 우리가 위화도를 찾은 날이 대학수능시험을 치른 날이다. 그래서 그런지 북한의 어린 병사들이 더 안쓰러워 보였다. 남녘에서는 '금 수저, 흙 수저' 논란이 있던데, 북녘의 이 병사들은 무슨 수저로 표현해야 할까?

요트에서 내리자마자 정영숙 가이드에게 왜 압록강 강물이 중국어를 씨부렁거리느냐고 물어 보았다. 북녘의 함경남도 어느 시골에서 태어나 스물네 살 때 중국으로 건너왔다는 화교華僑 정영숙 가이드는 유창한 서울말로 그 이유를 설명해 주었다.

1962년 북한의 김일성 주석과 중국의 주은래 수상이 만나 조중변계조약을 체결할 때 압록강과 두만강 안에 있는 모든 섬은 땅이 좁은 북한이 소유하고 강물은 중국의 소유로 하자고 합의를 했기 때문이라고 들려주었다. '아. 그랬었구나!' 그래서 유람선이나 요트가 중국 국기를 게양하고 관광객들을 태우는구나 싶었다.

위화도를 바라보니 문득 요동정벌에 나섰던 이성계 장군이 위화도 회군의 이유로 내세운 4대 불가론이 떠올랐다. 작은 나라로서 큰 나라를 치는 것은 불가능하고, 여름에 군사를 일으키는 것은 불가하며, 요동으로 군사를 일으키면 왜구가 침공해 올 가능성이 있고, 장마철이라 활의 아교가 녹아 풀어지며, 군사들이 전염병에 시달릴 염려가 있으니 불가하다고 했다. 학창시절 시험공부를 할 때 얼마나 열심히 외웠던가?

위화도의 널따란 논에는 지푸라기들이 시체처럼 즐비하게 누워있었다. 둥그렇게 말아서 흰색 비닐로 싸놓은 남녘 논바닥의 지푸라기 모습은 볼 수 없었다. 지푸라기 처리에도 남과 북은 차이가 있었다. 분단 70년 세월은 남과 북의 이질적인 면을 참 많이도 확장시켜놓고 말았다. 어서 통일이 되어 온갖 분단의 아픔을 말끔히 씻어버렸으면 좋겠다. 요트에서 내리자 압록강 강물은 또 중국어로 작별인사를 건넸다.

"짜이 젠(再見! 다시 봅시다)"

안중근 의사와 류쉰감옥

—중국 여행기 ②

나는 대학에서 사학史學을 전공했으면서도 애국자를 구분하는 의사義士와 열사烈士의 차이를 제대로 몰랐다. 얼마나 무식한 사학도인가? 스스로 생각해도 한심한 사람이었다.

국어사전을 찾아보았다. 열사는 나라를 위하여 충성을 다하고 절의節義를 굳게 지키며 싸운 사람이고, 의사는 국가와 민족을 위하여 순국한 애국 열사를 뜻한다고 풀이되어 있다. 이런 간단한 설명만으로는 이해하기가 어렵다. 그러면 열사와 의사를 어떻게 구분해야 될까? 우리는 역사시간에 이준 열사와 안중근 의사라고 배웠다. 똑같은 애국자인데 어떤 사람은 열사, 어떤 사람은 의사라고 하는가?

이준 열사는 1907년 이상설 이위종과 함께 고종황제의 밀서를 가지고 화란의 수도 헤이그(Hague)에서 열린 만국평화회의에 출석하여 을사보호조약이 한국 고종황제의 뜻이 아니라 일본의 강압에 의한 것임을 폭로하고 그 조약의 파기를 선언하려는 헤이그 밀사사건의 주인공이었다. 그러나 일본 대표의 반대로 뜻을 이루지 못하자, 이준은 분개하여 현지에서 자결하고 말았다. 그리하여 그를 이준 열사라 부르게 된 것이다.

또 황해도 해주 출신인 안중근은 1905년 을사보호조약이 체결되자 강원도로 가서 의병을 일으켜 일본과 싸웠다. 그는 북간도를 거쳐 러시아영토인 부라지보스토크로 망명하여 1909년 이범윤·최재형 등과 함께 의용군을 조직하고 좌익장군이 되어 두만강을 건너 경흥에 들어가 일본군 50명을 사살하고 회령까지 진격하여 적과 교전하기도 했다. 그러다가 우리나라 침략의 원흉인 이또 히로부미伊藤博文가 러시아 장상藏相 코코푸체프와 만주 하르빈에서 만나기로 했다는 정보를 입수했다. 안중근은 이또를 죽이기로 결심하고 일본인을 가장하여 하르빈역에서 권총 세 발을 쏘아 현장에서 이또를 죽이고, 대한독립만세를 외쳤다. 안중근은 그 자리에서 붙잡혀 류쉰旅順감옥에 갇혀 재판을 받았고, 다음해 3월 26일 오전 10시 그 감옥에서 사형을 당한 독립투사다. 이준처럼 나라를 위해 스스로 목숨을 끊은 애국자를 열사, 안중근처럼 무기를 동원하여 적군과 싸우고 목숨을 빼앗긴 애국자를 의사라 한다는 것이다.

이준 열사나 안중근 의사 이야기는 학창시절에 귀에 못이 박히도록 들었다. 그분들의 이야기를 들을 때마다 나도 그분들처럼 나라를 위해 내 목숨을 바칠 수 있을까 생각해 보곤 했다.

학창시절 역사공부를 할 때부터 안중근 의사가 사형을 당한 류쉰감옥에 가보고 싶다는 꿈을 꾸었다. 꿈은 이루어진다더니 마침내 류쉰감옥을 둘러볼 역사기행기회가 왔다.

중국 때런大連국제공항에서 버스로 70분쯤 달려가니 류쉰감옥에 닿았다. 하늘엔 구름이 잔뜩 끼어서 해는 얼굴조차 보여주지 않았다. 온 누리가 칙칙하고 을씨년스러웠다. 어느 나라 감옥이나 비슷하겠지만 류쉰감옥은 안중근 의사가 갇혔다가 사형당한 곳이라서 그런지, 더 암울해 보였다. 이 감옥은 러시아가 지배할 때 지은 감옥인데 그 뒤 일본이 지배하면서 증축하여 40여 년이나 더 사용했다.

이 감옥을 우리나라 정부가 중국정부로부터 양도받아 그대로 보존하면서 지금은 한국관광객들에게 역사교육장으로 활용하고 있다. 러시아 점령 때는 감옥건물을 회색벽돌로 지었으나 일본이 지배하면서 붉은색 벽돌로 증축하여 활용했다. 이 감옥에는 안중근 의사와 이회영, 신채호 선생의 상반신 동상들이 세워져 있었다. 조명이 희끄무레한 감방 안에서 그 동상들을 보니 가슴이 울컥했다. 이 애국지사들이 이 감옥에서 옥살이를 하셨구나 생각하니 가슴이 아팠다.

안중근 의사가 머물던 독방엔 나무침대 하나와 조그마한 책상과 의자가 지금도 그대로 남아 있어 옛날 분위기를 엿볼 수 있었다. 안중근 의사가 남긴 몇 가지 서예작품도 이곳에서 쓰셨으리라 생각하니, 생과 사를 초탈한 안 의사의 인품이 돋보였다.

우리나라 독립투사들이 이 감옥으로 붙잡혀 와서 겪은 고문의 참상은 지금까지 남아있는 고문도구들로 미루어 짐작할 수 있었다. 사형수들에 대한 교수형 집행도구들은 눈을 뜨고 그냥 볼 수 없었다. 그 시절의 수감자들에겐 인권이란 아예 없었고, 동물보다도 더 낮은 취급을 받았던 것 같다. 감방마다 조명이 어두컴컴하여 안타까웠다. 류쉰감옥을 둘러보고 나오려니 가슴이 답답하고 먹먹했다.

류쉰감옥에서 안중근의사기념관으로 갔다. 일제 때 법원 검찰청으로 사용했던 건물을 지금은 기념관으로 활용하고 있다. 안중근 의사가 재판을 받았던 건물인데 통일교재단에서 그 건물을 인수하여 당시의 모습대로 복원해 놓았다. 옛 모습대로 복원한 법원의 재판장에 태극기를 게양하고 모두가 애국가를 부르니 감회가 새로웠다. 이 법정에서 판사로부터 사형선고를 받은 안중근 의사의 심정은 어떠했을까? 마음이 착잡하고 무거웠다. 안중근의사기념관으로 활용되는 법원건물을 나서니 사위는 어둠이 짙게 깔리고 있었다. 버스를 타고 한 시간쯤 달려가 북한이 경영하는 단동 고려관이란 음식점에 도착했다. 한복을 곱게 차려입은 북한의 아가씨들이 우리 일행을 반갑게 맞아주었다.

(2015. 11. 28.)

조선족과 고려인

—중국 여행기 ③

'조선족'과 '고려인'은 다 같은 우리네 해외동포들이다. 그런데 중국에 보금자리를 튼 동포들은 자신들을 '조선족'이라고 부르고 옛 소련 땅에 터를 잡은 동포들은 자신들을 '고려인'이라 한다.

'조선족'이나 '고려인'들은 대개 비슷한 연유로 이주한 해외동포들이다. 조선조 말이나 일제시대에 가난에서 벗어나려고, 혹은 일본의 핍박이 싫어서 떠난 동포들이다. 중국과 소련은 국경을 마주한 이웃나라다. 그런데 중국으로 간 동포들은 자신들을 '조선족'이라 하고 소련 땅으로 간 동포들은 '고려인'이라 한다. 그렇다고 소련에 사는 우리 동포들이 고려시대에 이주한 것은 아니다. 그런데 왜 '고려인'이라 했을까?

어떤 이는 '고려인'이라 하게 된 것은 우리나라 국명의 외국 표기가 'KOREA'이기 때문에 '고려인'이라고 한다고 들려주었다. 그러나 그 이야기에 나는 선뜻 수긍할 수 없었다. 그렇다면 미국이나 일본, 또는 세계 여러 나라에 흩어져 사는 우리 동포들도 '고려인'이라고 해야 옳지 않겠는가?

어쩌면 우리 동포들이 지어낸 호칭이 아니라 중국과 소련정부가 붙여준 호칭이 아닐지 모르겠다. 중국은 소수민족을 보호하기 위해 조선족 자치주를 만들어준 반면, 소련은 소수민족을 동화시키려고 '고려인'이란 호칭을 붙여준 게 그대로 뿌리를 내리게 된 성싶다.

중국과 소련은 정 반대의 소수민족 정책을 썼다. 그러나 세월이 흐른 지금 그 결과는 어떻게 되었는가? 중국은 그대로 체제를 유지하며 발전하고 있지만, 소련은 스스로 붕괴하여 소련연방에 종속됐던 15개 나라들이 모두 떨어져나가 독립국이 되었다. 역사의 아이러니라고나 할까?

'조선족'이란 어휘에는 '떼거리'란 의미가 함축되어 있지만 '고려인'이란 말에서는 '낱개'란 뜻이 느껴진다. '族'이란 글자와 '人'이란 글자에는 분명 그런 뉴앙스가 담겨져 있다.

지난해 8월에는 중국의 한 귀퉁이인 흑룡강성 하얼빈에서 해외문학상 시상식과 해외문학심포지엄이 있었다. 올해에는 같은 달 우즈베키스탄의 수도 타쉬켄트에서 똑 같은 행사가 있었다.

중국의 행사장에는 많은 조선족문인들이 참석했고, 조선족문인 대표는 연설도 우리말로 했었다. 그런데 올해 우즈베키스탄의 행사장에는 고려인문인 6명이 참석했고 러시아말로 연설을 하여 통역이 끼어들어야 했었다.

중국의 '조선족'은 지금도 우리말을 갈고 닦아 조선족 문학을 잘 가꾸고 있다. 조선어 신문과 조선어문예지도 발간하고, 조선어 방송도 하고 있을 뿐 아니라 작가마다 조선어로 작품집을 펴내고 있다. 그러나 1991년에 소련연방공화국에서 독립했다는 우즈베키스탄에 가보니 그게 아니었다. 신문이나 잡지는 경영난으로 오래 전에 폐간이 되었고, 방송에서도 우리말은 찾아볼 수가 없었다. 소련의 스탈린이 '고려인'들을 강제로 중앙 아시아로 이주시킨 뒤부터 '고려인'들은 우리말이나 우리 글, 우리 풍습을 잃어가고 있다는 느낌이 들었다. 스탈린의 '고려인' 강제이주정책은 그들 입장에서 보면 성공했던 셈이라고나 할까?

우리말도 제대로 못하는 '고려인'들이 어떻게 우리 글을 알며, 글도 모르는 '고려인'들이 어떻게 우리 문학을 가꿔가겠는가? 그것은 연목구어緣木求魚나 다를 바 없지 싶었다.

이름을 보아도 그렇다. '조선족'들은 거의 모두가 성 한 글자에 이름 두 글자인 우리 식 이름을 지어 사용하고 있었다. 그러나 우즈베키스탄의 '고려인'들은 '보리스 박' '나릿사 박' '빅토르 최'처럼 아직까지 성은 우리 식으로 쓰지만 이름은 러시아 식으로 바뀌었다. 그들이 건네준 명함을 보더라도 확연히 차이가 났다. '조선족'들은 한자를 사용하고 있어 읽을 수 있었지만 '고려인'들은 러시아어를 사용하여 읽을 수조차 없었다.

'조선족'이나 '고려인'들 모두 공산권 국가에 터 잡아 살아왔기 때문에 일찍부터 북한과는 교류가 있었다. 중국이나 소련이 남한과 공식적으로 국교를 트게 된 것은 그리 오래되지 않는다. 그렇기 때문에 그들이 사용하는 언어에는 북한 말의 어휘나 억양이 깊게 배어있었다. 그로 미루어 통일 이후의 언어와 문자대책도 깊이 연구되어야 할 듯싶었다.

한 많은 이민 1세들은 이미 거의 세상을 떴고, 2세 3세로 이어 내려오면서 민족의식이나 정체성이 갈수록 사라져가고 있다. 이러한 현상은 비단 옛 소련지역만의 문제가 아닐 것이다. 미국이나 일본 등 거의 모든 해외동포들의 공통적인 문제이리라. 우리나라의 해외동포를 위한 정책은 여기에서부터 시작해야 하지 않을까?

낯선 이국 땅에서 온갖 고난을 겪으며 목숨을 부지해온 그들의 처지를 모르는 바는 아니다. 세월이 흐르면 흐를수록 현지에 동화돼야 그들의 후손들이 주변인이 아니라 중심권에 진입하여 떳떳하게 살 수 있다는 사실도 모르는 바는 아니다. 그러나 어쩐지 아쉬움이 컸다.

'조선족'이나 '고려인', 심지어는 다른 종족들까지도 한국으로 와서 큰돈을 벌고 싶다는 코리안 드림을 꿈꾸며 한국말을 배우려는 열풍이 불고 있다는 반가운 이야기를 들었다. 타쉬켄트에서는 한국어 학원이 성업 중이고, 중고등학교에서는 한국어를 제1외국어로 가르치고 있다는 가이드 김성기 군의 이야기를 듣고 다소 위안이 되었다.

한껏 기대를 안고 중앙 아시아 실크로드를 찾아가 '고려인'들의 삶의 편모를 둘러보고 오히려 안타까운 마음만 보듬고 돌아올 수밖에 없었다.

김치만 있었더라면

—2008 중국 텐진 중한문학 포럼 참가기 ①

중국과 일본은 아직도 골초들의 천국이었다. 지난 5월 중순 중국 천진天津을 방문했을 때나 5월 하순 일본 홋카이도北海道를 찾았을 때 그 두 나라 사람들은 호텔식당이나 호텔 로비에서도 마음대로 담배를 피웠다. 어느 곳에나 재떨이가 놓여 있었다. 관광버스 기사도 손님들의 눈치를 보지 않고 운전석에 앉아서 뻐끔뻐끔 담배를 피우는 것이었다. 애연가들이 핍박을 받는 우리나라와는 너무도 대조적이었다. 옛날 우리나라도 저런 시절이 있었는데 싶어 웃음이 흘러 나왔다.

중국 텐진시 작가협회문학원天津市 作家協會文學院이 텐진시 후이 빈 유안會賓園호텔에서 마련한 '2008 중한문학포럼'에 우리나라 펜클럽 임원과 회원 21명이 참가했다. 우리가 도착한 첫날인 5월 12일 오후 2시 반부터는 두 나라의 문인들이 참석한 가운데 주제발표가 있었다. 언어가 다른 두 나라 문인이 참석한 행사인지라 중국과 한국의 작가 3명씩 모두 6명의 주제발표를 서로 상대나라 말로 통역까지 하게 되니 주제발표 시간이 너무 길어 지루했다.

세미나가 끝나고 이어진 저녁 만찬은 무척 분위기도 좋고 흥겨웠다. 귀한 손님들에게는 10가지 이상의 중국 요리를 대접하는 게 그 나라의 관례라던가? 생선과 육류, 조류 등 산해진미가 줄줄이 이어졌다. 다 먹지도 않았는데 요리는 계속 나왔다. 술은 독한 중국술과 함께 붉은 와인이 마련되었다. 식탁에서는 독한 중국술보다 와인이 더 인기를 끌었다. 두 나라의 문인들은 비록 언어는 통하지 않았지만 몸짓과 느낌으로 우정을 나눌 수 있었다. 또 식탁마다 통역이 한 사람씩 배치되어 있어서 큰 불편은 없었다. 하지만 이웃나라의 언어는 배워 두어야겠구나 싶었다.

중국 여류문인에게도 칭찬은 역시 통했다. 칭찬 전도사인 나는 중국의 여류문인 중 50대의 유더쥔[尤德君] 여사에게 서툰 중국말로 당신은 참 예쁘다고 칭찬을 해주었다.

"니스 헌 메이러![你是限美麗!]"

고등학교 때 배운 중국어 실력으로 이렇게 한마디를 건네니 그녀의 얼굴엔 금세 웃음꽃이 활짝 피었다. 칭찬은 역시 약효가 빨리 나타났다. 그녀 역시 고맙다며 "세세![謝謝]"라고 대답했다. 그 뒤부터 그녀는 나에게 호감을 갖고 언제나 살갑게 대해 주었다.

중국 요리는 보기만 해도 살이 찌는 것 같았다. 아침이나 점심에 비해 저녁 만찬이 항상 그랬다. 기름지고 느끼하여 음식을 먹고 나면 개운하지가 않았다. 그때 누군가의 입에서 이런 이야기가 흘러 나왔다.

"김치만 있었더라면!"

한국의 문인들은 모두 머리를 끄덕이며 공감했다. 한국 토종들의 밥상머리에는 으레 김치가 있어야 하지 않던가? 인구 1,200만 명이 사는 도시이며 중국에서 네 번째로 큰 도시인 톈진의 첫날밤은 이렇게 깊어 갔다. 사실 우리 동포 5만 명이 살고 있는 이 톈진은 역사적으로 우리나라와도 관련이 깊은 도시다. 구한말 고종 22년인 1885년에 바로 이 도시에서 청나라와 일본이 톈진조약을 체결했기 때문이다.

1882년 임오군란 이후 청나라는 원세개遠世凱의 지휘 아래 3천 병력을 서울에 주둔시키고 있었고, 일본은 갑신정변 이듬해인 1885년 이노우에[井上馨] 지휘 아래 2개 대대의 병력을 서울에 주둔시켜 두 나라의 충돌 가능성이 컸었다. 당시 조선민중의 배일감정이 심해서 일본은 주청영국공사駐淸英國公使 파크스를 통하여 청국과 교섭을 시작하고, 전권대사로 이또오 히로부미伊藤博文를 청나라 톈진에 파견하여 청나라 직예총독 이홍장李鴻章과 협상케 했다. 그들은 같은 해 4월 18일 마침내 전문 3개조의 조약을 체결했다.

첫째, 청일 양국은 4개월 이내에 조선에서 철병할 것. 둘째, 조선국왕에게 권하여 조선의 자위군을 양성토록 하되 훈련교관은 청일 양 당사국을 제외한 타국에서 초빙토록 할 것. 셋째, 장차 조선 내에 어떤 변란이나 중대사건이 발생하여 청일양국, 혹은 어느 1국이 파병할 필요가 있을 때는 먼저 양국이 문서를 통하여 연락을 취할 것이며, 사태가 진정되면 다시 철병할 것.

이 조약으로 일본은 조선에서 청국의 우월권을 제거하고 동등한 세력을 가질 수 있게 되었다. 일본의 침략마수가 더 노골적으로 뻗어오게 된 단초가 바로 이 텐진조약에서 비롯된 것이다.

텐진에서 만난 중국문인들은 담배를 즐겨 피우고 한국문인들은 술을 즐겨 마셨다. 부처님 오신 날 오전 9시 반, 인천국제공항을 이륙한 대한항공이 2시간 만에 천진공항에 도착한 것으로 보아 지리적으로도 텐진이 그리 먼 곳은 아니었다. 우리가 도착한 그날 텐진에는 눈물 같은 비가 내려서 촉촉이 젖어 있었다.

만리장성에서 만난 민들레

—2008 중국 텐진 중한문학 포럼 참가기 ②

참으로 이상한 일이었다. 중국의 만리장성에는 화장실이 없었다. 그 많은 관광객들은 어쩌라고 그런단 말인가? 남자들이야 만리장성 양쪽 벽에 촘촘히 구멍을 뚫어놓았으니 급하면 그 구멍으로 실례를 해도 되겠지만, 여자들은 얼마나 불편하랴. 옛날 만리장성에서 근무하던 병사들이 모두 남성들이어서 여성들에 대한 배려가 없었던 것일까? 내가 2008년 5월 16일 중국 하북성 황애연에서 올랐던 만리장성은 확실히 화장실이 없었다.

장성 위에 오르니 일정한 거리마다 누각이 세워져 있었다. 옛날에는 그 누각이 국경을 지키던 지휘관이나 병사들의 전망대였을 텐데, 지금은 기념품을 파는 판매장으로 활용되고 있었다. 넓적한 벽돌이나 바위를 깨뜨려 만든 네모진 돌로 차곡차곡 쌓은 게 만리장성이다. 중국의 바람은 오랜 세월 그 만리장성 통로에 흙먼지를 실어 날랐고, 그 흙먼지가 쌓인 곳에서는 아름답게 핀 풀꽃들이 활짝 웃고 있었다.

우리나라에서 자주 보았던 노란 민들레를 비롯하여 앙증맞은 여러 가지 풀꽃들이 이곳까지 올라오느라 수고했다며 우리를 반겨 맞아주었다. 또 조그마한 나비 다섯 마리도 군무群舞를 추며 이 꽃 저 꽃에 입을 맞추고 있었다. 만리장성을 넘어 온 부드러운 봄바람이 내 이마의 땀방울을 식혀주니 기분이 여간 상쾌한 게 아니었다.

그 긴긴 만리장성을 걸어서 모두 답사할 수는 없는 일이었다. 중국으로 떠나기 전 뒷동산 인후공원을 오르내리며 다진 내 체력으로는 도저히 불가능한 일이었다. 더구나 일정에 쫓기는 단체여행의 일원으로서는 감히 이룰 수 없는 꿈이었다. 피땀을 흘리거나 때로는 목숨까지 잃으면서 이 만리장성을 쌓은 중국인들도 있는데 잘 다듬어진 그 통로를 맨손으로 걸어가면서 힘들어하는 내가 오히려 우습다는 생각이 들었다.

만리장성은 춘추전국시대부터 나라별로 쌓았던 성을 진시황이 중국을 통일하면서 하나로 연결한 것이라고 한다. 이 공사는 10년 동안 이어졌으며 30만 명의 군사와 수백만 명의 농민들이 징발되었단다. 그 뒤에도 역대 왕조들이 잇따라 개수하였고, 명나라 때에는 200여 년 동안 열여덟 차례나 수축하여 지금의 만리장성이 완성된 것이라고 역사는 전한다. 지금 우리가 볼 수 있는 만리장성은 명나라 때 지어진 것인데 '팔달령', '모전욕', '사마대' 등이 개방되고 있다는 것이다.

이 만리장성에서 사람들이 많이 몰리는 곳은 단연 '팔달령'인데 이 곳은 길이 잘 닦여져 있고 복원상태도 매우 좋다. 그래서 '사통팔달'

이란 말도 이곳 '팔당령'에서 유래되었다고 한다. 반면 장성의 참모습을 볼 수 있다는 장점 때문에 '모전욕'과 '사마대'도 점점 널리 알려지고 있다. 이곳에서 사람들이 가장 경탄하는 것은 뭐니 뭐니 해도 가도 가도 끝이 보이지 않는 강줄기 같은 웅장한 장성의 모습이라고 한다.

이 만리장성은 중국 춘추전국시대 흉노족 등 북쪽오랑캐들의 침략을 막으려고 쌓은 성벽이다. 북경의 산하이관山海關에서 서쪽 감숙성 자위관甘肅省 嘉峪關에 이르는 성벽으로서 총 길이가 지도상으로는 약 2,400km라지만 실제로는 6,700km에 이른다던가?

만리장성에서 통로로 내려오다 보니 어떤 늙수그레한 영감이 왼손에 든 쓰레기통에 오른손으로 쓰레기를 쓸어 담고 있었다. 만리장성 청소부라고 했다. 그는 올해 예순 살이라는데, 나는 그 청소부와 함께 기념사진을 찍고, 내 수첩에 자기 이름을 써달라고 했더니 지렁이가 기어가는 것처럼 글자를 그리다시피 하여 지금도 나는 그걸 해독할 수가 없어 아쉽다. 만리장성에 청소부가 있으리라고는 미처 생각지 못했다. 그러고 보니 만리장성이 노인들에게는 좋은 일자리로구나 싶어 부러웠다.

인터넷에서 본 만리장성은 마치 용이 꿈틀거리며 하늘로 올라가는 모습처럼 보인다. 만리장성의 높이는 8.5m이고 통로의 너비는 5.7~8.5m로서 말 몇 마리가 동시에 나란히 달릴 수 있을 정도다. 세계7대 불가사의의 하나이자 유네스코가 지정한 세계문화유산인 만리장성은 성 1m를 쌓을 때마다 한 사람씩 죽었다고 하니 얼마나 많은 일꾼들이 죽었겠는가? 만리장성이 중국 사람들의 무덤이라고 한 말을 실감할 수 있을 것 같다. 그 당시 백성들은 이 성을 쌓노라 얼마나 많은 재산을 세금이란 이름으로 뜯겼고, 사랑하는 남편과 눈에 넣어도 아프지 않은 아들 그리고 절대자 같은 아이들의 아버지까지 빼앗겼겠는가? 만리장성에 오르니 불현듯 "하룻밤을 자도 만리장성을 쌓는다!"라는 우리네 속담이 떠올랐다.

결혼한 지 며칠 만에 신랑은 만리장성을 쌓는 공사장으로 끌려가고 새색시만 외딴 집에서 혼자 살게 되었다고 한다. 한 번 공사장으로 끌려간 사람은 살아서 돌아올 수 없던 시절이었다. 어느 날 어떤 나그네가 날이 어두워지자 그 새댁의 집에서 하룻밤 묵게 되었다. 밤이 깊어지자 그 나그네는 새댁이 혼자인 걸 알고 수작을 걸었다.

"돌아올 수 없는 남편을 기다리며 정조를 지킨들 무슨 소용이 있겠소? 내가 책임질 테니 멀리 도망가서 나와 함께 행복하게 삽시다."

새댁은 그 나그네에게 한 가지 조건을 내걸었다.

"그래도 마지막으로 남편에게 새로 지은 옷 한 벌을 입히고 싶습니다. 옷을 싸 드릴 테니 날이 밝거든 남편을 찾아가 그 옷을 전해 주시고, 그 증표로 편지를 한 장 받아 오세요."

남편을 생각하는 새댁의 마음이 갸륵하고 또 그리 어렵지 않은 부탁이라 흔쾌히 승낙하고 그 나그네는 그 새댁과 더불어 하룻밤을 즐겼다. 나그네는 아름다운 여인과 평생 같이 살 꿈을 꾸며 공사장을 찾아가서 그녀의 남편을 찾아 면회신청을 했다. 그러자 감독관은,

"그 남편이 옷을 갈아입을 동안 대신 당신이 공사장 안으로 들어가

있어야 하오."

밖으로 나온 그 새댁의 남편이 옷 보따리를 풀자 그 보따리 속엔 아내가 눈물로 써 보낸 편지가 들어 있었다.

"당신을 공사장에서 빼내고자 이 옷을 전해준 사내와 하룻밤을 보냈습니다. 이를 허물삼지 않으려면 집으로 오시고, 허물로 여기시려거든 다시 공사장으로 들어가십시오."

남편은 다리야 날 살려라 하고 한걸음에 집으로 달려가 아내와 더불어 아들딸 낳고 잘 살았다고 한다. 하룻밤을 자도 만리장성을 쌓는다는 속담은 그렇게 하여 태어난 것이다. 만리장성을 쌓으면서 있었던 일화가 어찌 이 이야기 하나뿐이겠는가? 어쩌면 만리장성을 쌓은 벽돌 숫자만큼이나 눈물겨운 일화가 있을 지도 모른다.

로마는 사람들이 많이 다닐 수 있게 길을 8만km나 만들었는데 반해 같은 시대에 중국은 사람들이 다닐 수 없도록 성곽을 만 리里나 쌓은 셈이다. 그러니 이것을 어떻게 비교해야 할 것인가?

돌은 세우면 성이 되고 눕히면 길이 된다지만, 우리는 모름지기 이 이야기에서 생각의 차이가 이렇게 다른 결과를 가져온다는 깨달음 하나쯤 얻을 수 있을 것 같다.

중국인들의 피땀과 목숨 그리고 눈물과 한숨으로 축조된 만리장성이 지금은 세계인들을 불러들이며 중국을 부자나라로 만들고 있다. 중국인들의 목숨으로 쌓아 올린, 화장실도 없는 만리장성이 오늘날엔 중국인들의 연기 없는 공장이자, 풍요로운 살림밑천이 되고 있으니 이것이 바로 역사의 아이러니가 아니겠는가?

텐진에서의 5박 6일

—2008 중국 텐진 중한문학 포럼 참가기 ③

중국이란 나라는 아무리 구경해도 바닥이 드러나지 않는 바다보다도 더 깊고 넓은 나라였다. 볼거리가 너무 많으니 무진장이라는 표현이 딱 어울릴 것 같았다.

가정의 달인 5월, 2008 중한문학포럼에 참가하려고 중국 텐진[天津]을 찾았다. 이 포럼은 국제펜클럽한국본부와 중국 텐진시작가협회문학원이 해마다 번갈아 오가면서 주최하는 국제적인 문학행사다.

중국에서 네 번째로 큰 도시이며 인구 1,200만 명이라는 텐진시는 행정구역이 12개구 2개현으로 구성되어 있다고 했다. 5박 6일 동안 텐진에 머물면서 중국문인들과 우정을 키울 수 있어 좋았다. 중국의 문인들은 기대이상으로 다정다감하고 친절했다. 함께 버스를 타고 다니면서 보니 버스가 멈추면 젊은 중국문인이 재빨리 버스에서 내려 입구에서 일일이 한국문인들의 손을 잡아주며 안전하게 내리도록 보살펴 주었다. 참으로 인상적이었다. 또 버스에는 우천을 대비한 우산까지 비치하고 있었다.

중국문인들은 우리가 텐진에 머무는 동안 늘 숙식을 함께하면서 우리를 돌봐 주었다. 아침식사 때부터 저녁에 우리가 숙소로 들어갈 때까지 곁에서 불편이 없는지 도움의 손길을 내밀었다. 텐진시에는 약 8백여 명의 문인이 있다고 했다. 그들 중에는 시인보다는 소설가의 숫자가 압도적으로 많다는 것이다. 시인의 숫자가 절반 이상이 되는 우리나라와는 대조적이었다. 중국의 문인들은 공무원처럼 등급에 따라 월급을 받으며 창작활동에 전념한다고 했다. 그래서 그런지 중국문인들은 선비답게 참으로 친절한 사람들이었다.

텐진에서 머무는 동안 저녁만찬은 텐진시 각 구의 문학단체 대표들이 돌아가면서 주최해 주었다. 음식도 푸짐했고 주흥이 도도하여 즐거운 우정의 한마당잔치가 연출되었다. 그러나 가는 날이 장날이라더니 쓰촨성(四川城)에서 큰 지진이 일어나 엄청난 피해를 입었다는 뉴스가 터지는 바람에 기쁨이 가라앉았고 가무(歌舞)조차 즐길 수 없게 되어 아쉬웠다. 오히려 우리 일행은 성금을 갹출하여 쓰촨성이재민들에게 전했다. 그랬더니 그 다음날 텐진지역의 신문과 방송에 그 미담이 크게 보도되어 기뻤다.

중국인들은 낙천적인 사람들 같았다. 이른 아침이면 공원마다 사람들이 찾아와서 운동을 하거나 산책을 즐기며 담소를 나누는 게 일상적인 모습이었다. 또 퇴근시간 무렵이면 공원으로 몰려와서 떠돌이 악사들이 자기네 전통악기를 연주하고 일반 시민들은 초면의 떠돌이 악사와 상의하여 노래를 부르기도 했다. 중국인들은 노래를 좋아하는 사람들이었다. 그 모습이 너무나 자연스러웠고 보기에도 좋았다. 텐진시 동명구 동명광장에서도 우리는 그런 모습을 볼 수 있었다. 운동과 노래를 즐기는 게 중국인들이란 인상을 받았다.

중국인들은 향을 피우고 기도하기를 즐기는 것 같았다. 독락사獨樂寺를 비롯한 크고 작은 절에 가도 그렇고, 만세사표萬世師表 공자를 모신 대성전大聖殿 그리고 서울의 인사동과 비슷한 곳에 세워진 천후궁天后宮에 가도 다를 바 없었다. 구내매점에서는 주로 향촉을 팔고 있었는데 우리네 향과는 크기나 모양이 달랐다. 향의 크기는 우리네 향의 길이보다 세 배쯤 컸는데 그 한 묶음을 사서 통째로 향로에 꽂고 불을 붙였다. 향을 태운 연기가 모락모락 피어나면 두 손을 모으고 기도를 했다. 또 어떤 향은 옛날 우리네의 큰 담뱃대 같이 길게 만든 것도 있었다. 향촉 값은 아끼지 않고 펑펑 쓰는 게 중국인들의 특성 같았다. 무슨 소원이 그리도 많아 그렇게들 기도를 하는 것일까? 신이 중국인들의 그런 기도를 들어주어서 오늘날 중국의 국력이 날로 커지는 게 아닐까 하는 생각이 들었다. 지난해 홍콩에 들렀을 때도 중국 본토나 다를 바 없었다. 그게 바로 중국의 문화인 모양이었다.

중국인들은 조어능력造語能力이 뛰어난 사람들이었다. 우리나라에서는 영어 'Center'를 그냥 한글로 '센터'라고 쓰고 발음하면서도 전혀 부끄럽게 여기지 않는다. 그런데 중국에서는 그 'Center'를 모두 '중심中心'이라고 쓰고 '쫑신'이라고 발음한다. 또 집단고층주거지를 우리는 그냥 '아파트'라고 하는데 중국인들은 '주택집단住宅集團'이라 쓰고 '찌단찌저'라고 읽는다. 코카콜라도 '可口可樂'이라고 쓰고 '커커

오커러'라고 읽는다. 그밖에도 E-mart는 '易瑪得'으로 쓰고 읽기는 '이마더'라고 한다. 또 올림픽은 '奧林匹克'라고 표기하고 '아오린피커'라고 발음한다. 이처럼 중국인들은 외래어를 그대로 사용하지 않고 자기들의 입맛에 맞게 바꾸어서 사용한다. 중국인들의 조어능력造語能力과 중국어를 아끼는 마음이 몹시도 부러웠다. 한글을 만드신 세종대왕께서는 중국인들처럼 외래어를 우리 한글로 바꾸어 쓰라고 강조하시는 것 같다.

그러나 중국이라고 해서 다 좋은 점만 있는 것은 아니다. 오는 8월 올림픽을 치를 나라인데도 교통질서는 엉망이었다. 자동차와 인력거 그리고 오토바이와 자전거가 뒤엉켜 무질서했고, 운전사들이 멋대로 클랙슨을 누르는 바람에 도심지에서는 귀가 따가울 지경이었다. 뿐만 아니라 식당이건 호텔 로비건 아무 곳에서나 마구 담배를 피워서 눈살을 찌푸리게 했다. 애연가들에 대한 규제가 심한 우리나라와는 너무도 대조적이었다. 중국은 아무리 깊이 파고 들어가도 끝이 보이지 않는 그런 나라였다.

북경 땅은 밟았지만

—2008 중국 톈진 중한문학 포럼 참가기 ④

중국이란 나라에 가보지 않는 사람도 그 나라가 가까운 이웃나라임을 모르는 사람은 없을 줄 안다. 우리나라와 중국은 반만년 동안이나 얽히고설킨 끈질긴 인연을 갖고 있기 때문이다. 초등학교 때부터 역사시간이면 중국 이야기를 들어야 했고, 수업시간이면 때로는 안타까운 마음으로, 또 때로는 통쾌한 기분으로 선생님의 말씀을 들어야 했었다. 역사를 돌이켜 보면 오랜 세월 우리나라와 중국은 바늘과 실처럼 깊은 관계였다고나 할까?

우리가 중국을 가깝게 여기는 데는 여러 가지 이유가 있다. 서당이나 학교에서 한자를 배울 때부터 그 한자가 중국문자라는 걸 알게 되었고, 자라면서 공자와 맹자 등 중국의 성현들의 이야기를 귀가 아프도록 들어야 했으며, 그 성현들을 본받으려고 노력하기도 했었다. 또 삼국지三國志나 수호지水湖志, 금병매金甁梅 같은 소설을 읽으면서도 우리는 중국을 떠올리지 않을 수 없었다. 그만큼 중국은 아주 오래 전부터 우리의 마음속에 깊이 들어와 있었던 것이다. 우리나라와 중국은 그처럼 핏줄 같은 끈끈한 인연으로 이어진 관계라 하지 않을 수 없다.

이번 중국방문은 '2008 중한문학 포럼' 참가가 목적이었기 때문에 5박 6일 동안 주로 베이징[北京]과 가까운 텐진[天津]에서 머물러야 했다. 일정표를 보니 넷째 날 베이징 방문 일정이 잡혀 있었다. 나는 속으로 쾌재를 불렀다. 그곳에 가면 나의 대학후배인 진효철 군을 만날 수 있으려니 해서였다. 그러나 베이징에서 활발하게 움직인다는 그 후배의 전화번호를 알 수 없었다. 내 수첩에도 그의 연락처는 기재되어 있지 않았고, 그렇다고 텐진에서 한국으로 국제전화를 걸어 알아보기도 쉬운 일은 아니었다. 중국의 호텔에서 인터넷을 검색할 수 있다면 찾을 수도 있으련만 내가 묵은 호텔에는 그것조차 불가능했다. 아쉽지만 포기할 수밖에 없었다. 우연히 마주친다면 몰라도 달리 방법이 없었다.

10여 년 전 파리에 갔을 때였다. 시내 관광을 한 뒤 가이드가 쇼핑을 하라고 어느 백화점 앞에 내려놓았다. 이 유럽의 중심도시 파리에서 설마 나를 아는 사람이 있으랴 싶어 백화점 문턱에 걸터앉아 편안히 쉬고 있었다. 그런데 예기치 않게 전북 고창동리국악당 이창기 소장이 나타나는 게 아닌가? 얼마나 놀랍던지? 약속도 하지 않고 우연히 만난 것이어서 더 반가웠다. 살다보면 이런 우연이란 것도 있기는 있다.

텐진에서 관광버스를 타고 2시간 30분쯤 달리니 올림픽 준비에 바쁜 중국의 수도 베이징에 닿았다. 행선지는 중국 현대문학관. 그 문학관은 아담한 2층 콘크리트 건물이었다. 1층에는 파금巴金, 노신魯迅 등 대표적인 7인의 중국현대작가들 방이 마련되어 있었고, 2층에는 중국 현대문학의 흐름이 요약되어 있었다. 수많은 중국의 현대작가 중에서 뽑힌 7인이니 얼마나 자랑스럽고 위대한 작가들이겠는가? 하지만 1층 한쪽에 7인 작가들의 방을 만들었지만 자료가 참으로 빈약했다. 중국의 대표적 현대작가들이 독립가옥을 갖지 못하고 다세대주택에 세 들어 사는 것 같아 아쉬웠다. 순간 우후죽순 격으로 세워진 우리나라의 문학관들이 떠올랐다.

우리나라에 널려 있는 문학관들과 비교하니 중국현대문학관은 초라하기 짝이 없었다. 대구에서 텐진으로 유학을 왔다는 가이드 김진경 양에게 중국고대문학관은 없느냐고 물었더니 그런 건 없다고 했다. 내 고장 전북에는 남원의 혼불문학관, 군산의 채만식문학관, 고창의 미당문학관, 김제의 아리랑문학관, 전주의 최명희문학관 등이 세워져 있어서 우리의 눈길을 끌고 있다. 또 부안의 신석정 문학관이 곧 문을 열 예정이다. 우리나라의 이 개인문학관들이 중국현대문학관에 비하면 겉모습이나 전시내용물들이 더 알차다는 느낌이 들었다.

중국현대문학관 1층 벽면에는 파란만장한 중국의 현대사를 요약하여 벽화로 그려놓았는데 그것은 참으로 인상적이었다. 현대 중국의 아픔이 그 좁은 벽면에 진솔하게 형상화되어 있었다. 중국현대문학관을 둘러 본 다음 자금성이나 천안문광장을 구경할 수 있으려니 한 나의 기대는 빗나가고 말았다. 오는 8월 올림픽을 치를 중국의 베이징은 아직도 건설공사가 한창인데 우리 일행은 겨우 중국현대문학관 땅만 밟아보고 다시 텐진으로 돌아가야 했다. 너무 아쉬운 베이징 방문이었다.

Chapter 5

일본 여행기

홋카이도 나들이

—아내 덕에 다녀 온 일본 여행 ①

딸을 낳으면 비행기를 탄다는 말은 결코 우스갯소리가 아니었다. 직장에서 휴가를 얻어 부모를 모시고 동행한 아들은 하나도 없었지만, 딸들은 셋이나 되었으니 말이다. 그녀들은 노부모님들을 모시고 온 효녀들이었다. 여행사가 효도여행으로 참가자를 모집한 까닭인지 우리 일행들은 미혼의 세 딸들을 제외하면 모두 6, 70대 노인들이었다.

올해 회갑을 맞은 아내의 생일이 5월이어서 그럴까? 아들딸들이 가정의 달인 5월에 우리 부부를 일본 홋카이도여행을 보내 주었다. 나는 주인공인 아내의 보디가드로서 동행한 것이지만, 나로서는 처음으로 3박4일 일정의 패키지여행에 참가한 것이다. 일행은 모두 33명이었다.

1972년에 동계올림픽을 치러 그 이름이 널리 알려진 삿포로, 일본의 소설가 가와바다 야스나리[川端康成]가 13년에 걸쳐서 썼고 1868년에 일본 최초로 노벨문학상을 받았던 소설 『설국雪國』을 떠올리게 하는 눈의 고장 홋카이도. 언젠가 꼭 한 번 가보고 싶었던 곳이 바로 그 홋카이도[北海道]였다. 꿈은 이루어진다고 했던가? 드디어 나는 2008년 5월 24일 홋카이도를 찾게 되었다.

인천국제공항을 출발한 KAL기는 2시간 45분 만에 삿포로 근교 신치토세 국제공항에 살포시 내렸다. 계절은 우리나라보다 한 달쯤 늦은 것 같았다. 눈의 고장 홋카이도의 설경雪景을 구경할 수 없어 아쉬웠지만, 5월의 홋카이도 경관도 그렇게 나쁘진 않았다. 에어컨이 필요 없는 홋카이도는 그야말로 천연 피서지였다고나 할까?

공항에서 관광버스를 타고 1시간 30분쯤 달리니 운치 있는 운하의 도시 오타루[小樽]에 도착했다. 그 모습 그대로가 마치 영화나 드라마 촬영장 같은 오타루에서 우리는 '러브레터'의 주인공 흉내를 내며 사진을 찍었다. 이곳 오타루 운하는 작은 항구와 좁은 언덕길, 평온하게 흐르는 운하를 따라 늘어선 88개의 가스등이 멋스러웠지만, 훤한 대낮이어서 아름다운 야경을 볼 수 없어 아쉬웠다.

화려한 역사와 로맨틱한 정취가 넘실거리는 오타루 가라스[Glass] 공방거리는 1891년 석유램프를 만들기 시작하여 오늘날 오타루의 특산품으로 자리 잡은 유리제품을 10만 종 이상이나 진열 판매하고 있어서 관광객들의 눈길을 끌었다.

다시 관광버스를 타고 오타루를 출발하여 40여 분 만에 삿포로에 도착했다. 홋카이도에 도착하여 관광버스를 타고 다니노라니 다른 나라에서는 볼 수 없는 이상한 표지가 눈에 띄었다. 도로 양쪽 높은 곳에 화살표 표지판이 아스팔트길을 가리키며 매달려 있었다. 이상하여 가이드에게 물어 보니 겨울에 눈이 많이 쌓이면 도로표지가 보이지 않기 때문에 운전사가 그 화살표를 보고 도로 끝이 어디까지인지 알 수 있도록 하려는 도로표지라고 했다.

1972년에 동계올림픽을 개최했던 도시 삿포로, 그러나 삿포로는 인구가 120만 명이라니 그렇게 큰 도시는 아니다. 그 도시 중심가를 동서로 가로지르는 도심 속의 오오도리공원(大通公園)을 둘러보았다. 조경이 잘 된 그 공원에서는 5월 21일부터 25일까지 제50회 라일락 축제가 열리고 있었다. 우리가 도착한 날이 5월 24일이어서 우리는 그 라일락축제의 여향(餘香)을 즐길 수 있었다. 이 공원에는 약 4백여 그루의 라일락이 일제히 꽃을 피우고 달콤한 향기를 내뿜어 시민들에게 기쁨을 선사한다고 했다. 그래서 그런지 산책을 나온 시민들이 많이 눈에 띄었고, 또 공원에서는 연주회도 열려 즐거운 시민축제가 되고 있었다. 그 공원 안에 있는 높이 147.2m의 삿포로 TV탑에도 올랐다. 그 높은 탑에서 내려다 본 오오도리공원과 삿포로의 전경은 장관이었다.

삿포로에서의 첫날밤은 르네상스 삿포로호텔 801호에서 보내게 되었다. 호텔에서의 저녁식사는 음식도 푸짐했고 맛깔스러웠다. 오늘부터는 온천의 고장 홋카이도에 왔으니 온천수에 몸을 담글 기대에 부풀었다. 이 호텔 온천은 24시간 운영한다는데 새벽 3시부터 4시까지는 손님을 받지 않는다고 했다. 그 이유는 무엇일까?

온천은 남탕과 여탕이 서로 마주 보고 있는데 이 시간에 남탕과 여탕을 서로 바꾼다는 것이다. 오늘의 남탕이 내일은 여탕으로, 여탕은 또 남탕으로 임무교대를 한다. 날마다 그렇게 남 · 여탕이 바뀐다. 참 재미있는 발상이다. 호텔에서 준 일본 전통잠옷차림으로 온천을 찾아가 보았다. 우리나라 온천이나 다를 바 없었다. 노천온천의 따뜻한 물속에 몸을 푹 담그니 여기가 바로 천국이 아닐까 싶었다.

일본 홋카이도 르네상스 삿포로호텔 노천온천의 물속에 몸을 담그고 일본의 밤하늘을 우러러보니 마치 나를 환영해주는 듯 초롱초롱한 별들이 깜박거리고 있었다. 온천과 음식과 자연을 자랑하는 홋카이도 삿포로의 첫날밤은 이렇게 저물어가고 있었다.

노보리베쓰 시대촌

—아내 덕에 다녀 온 일본 여행 ②

빠듯한 일정의 여행인데도 피곤한 줄 몰랐다. 쾌적한 홋카이도 기후 때문이기도 하지만 아침저녁으로 하루에 두 번씩 온천욕을 즐긴 덕이려니 싶다. 난생 처음 내 몸도 일본 홋카이도에서 호사를 누렸다.

오늘 오전에는 옛날의 홋카이도 청사부터 둘러보았다. 1888년에 약 250만 개의 벽돌을 사용하여 미국풍 네오바르크 양식으로 세운 중후한 건물인데 지금은 홋카이도 '역사 갤러리'로 쓰고 있다. 건물 앞에는 아름다운 꽃들이 활짝 피어있어서 관광객들은 사진 찍느라 바빴다.

이 홋카이도 역사 갤러리는 도립종합박물관인 '홋카이도 개척 기념관'이 운영한다는데 소장 자료가 무려 15만 점이나 된다는 것이다. 홋카이도에 관한 자료를 엄선하여 전시하고 있지만 1년에 두 번 전시물을 바꾸는 '주제별 전시코너'에서는 흥미로운 주제를 다룬다고 한다.

홋카이도는 1869년 메이지[明治]정부에 의해 홋카이도로 이름 지어져 일본의 영토가 되었다. 원래 이곳은 아이누족이 살던 곳이다. 이 아이누족은 홋카이도에 맞는 독자적인 생활양식을 찾아냈고, 주변지역 사람들과도 적극 교류하며 살았단다. 홋카이도는 사할린이나 대륙과 가까워 북쪽에서 들어오는 북방문화의 관문이었다. 홋카이도는 넓은 밭, 울창한 숲, 풍부한 해산물 그리고 석탄 등 지하자원이 풍부한 곳이다. 이런 기본 바탕에 서양의 기술을 도입함으로써 홋카이도에 맞는 산업이 크게 발달하게 된 것이다,

이 갤러리 맨 위층은 사할린[가라후토]관계 자료관으로 활용되고 있다. 또 그곳 입구에서는 러시아가 점유하고 있는 사할린을 돌려받으려고 관람객들의 서명을 받는다. 빼앗긴 땅을 되찾으려는 집요한 노력이 가상하다 할까?

홋카이도 시계대[北海道 時計臺]를 차창으로 바라보며 가이드의 설명을 들었다. 1881년에 세운 것으로서 일본의 시계탑 중 가장 오래된 시계로서 지금도 그 시계가 작동하는데, 홋카이도 개척시대의 상징물 중 하나라는 것이다.

노보리베쓰 다테 지다이무라[登別伊達時代村: 에도시대민속촌]에 이르니 그곳에는 비가 내리고 있었다. 정문에 들어서니 에도시대 복장의 사무라이 두 명이 긴 칼을 차고 반갑게 맞아주었다. 이 민속촌은 활기에 넘친 에도시대의 무예와 대중문화를 그대로 체험할 수 있는 테마파크다. 약 15만 평의 넓은 부지에는 도호쿠이호쿠[東北 홋카이도

지방]에서 최대 규모를 자랑한 다테한 · 다테케(한 · 케는 에도시대 영지형태) 관련 건물과 거리가 재현되어서 마치 타임머신을 타고 2백 년 전 과거로 돌아간 것 같은 느낌이 들었다.

에도시대(1603-1867)는 초대 장군인 도쿠가와 이에야스가 막부를 열고 도쿠가와 장군을 중심으로 한의 다이묘[領主]와 함께 통치하며, 264년이나 계속되었다. 무사계급이 권력을 잡음으로써 정치중심이 교토에서 에도로 옮겨졌다고 한다. 그때는 외국과의 교류를 거부한 쇄국정책을 펼쳤지만 국내 경제는 발전하고 대중문화도 번창하였다는 것이다. 이 민속촌에서 두 가지 연극을 관람한 것이 이색체험이었다.

에도시대 막부의 그림자로 스파이활동을 한 닌자[隱者]들의 칼싸움과 둔갑술을 감상하려니 아슬아슬했다. 닌자 가스미 야시키 저택에서 펼쳐진 활기찬 연극이었다. 느닷없이 천장에서 사무라이가 나타나는가 하면 마루 밑에서 쑥 솟아오르기도 했다. 관객들이 예측하지 못한 곳에서 닌자들이 출현하니 그야말로 신출귀몰神出鬼沒이란 말이 딱 어울리는 매력만점의 활극이었다.

이어서 일본전통문화극장으로 옮겨 요시하라를 무대로 한 연극을 감상했다. 출연자가 여배우 네 명밖에 되지 않는 에도시대에 핀 밤의 꽃 · 오이란[妓女]이란 연극이었다. 이 연극에는 관객 중에서 남자 한 사람이 영주역으로 출연해야 했다. 그런데 우리 일행 중 선뜻 출연하겠다는 사람이 없자 여배우 한 사람이 관객석으로 나와서 빙 둘러보더니 나를 지명하였다. 나는 간단한 분장을 하고 무대에 섰다. 내

손에 들린 쥘부채에는 내가 해야 할 대사가 일본어와 한국어로 씌어져 있었다. 내가 일본 홋카이도에서 배우로 데뷔한 것이다. 사실 초등학교 5학년 학예회 때 '단종애사'란 연극에서 단종 역을 맡아 무대에 선 경험이 있지만 50여 년이 지난 뒤 뜻밖에도 다시 배우로 출연하게 되었다. 내가 전생에 연극과 인연이 있었던 것일까?

오이란이란 고전문학이나 단가, 서도, 다도, 사미센 등 학문과 예능 등 전반적으로 재능이 뛰어난 기녀로서 소수의 무사나 부자밖에 만날 수 없던 존재였다. 서민이 오이란을 볼 수 있는 것은 주인을 따르는 많은 무리들이 외출할 때, 그 행렬의 화려한 분위기를 보고 당시 서민들이 감탄하여 오이란이라 부르게 되었다는 것이다.

내가 무대에 서자 우리 일행들은 마구 사진을 찍어 주며 즐거워했다. 내가 갑자기 스타로 떠오른 것이다. 이 두 가지 연극을 본 뒤 관객들은 동전을 종이에 싸서 "오히네리!"라고 외치면서 무대로 던졌다. 그게 관객들이 배우들에게 건네주는 일종의 팁이라는 것이다.

오후에는 도야코[洞爺湖]로 이동했다. 도야호수를 한 눈에 내려다 볼 수 있는 전망대에 올랐으나 안개가 끼어 코앞마저도 볼 수 없었다. 유람선을 타고 도야호수를 한 바퀴 돌아보는 것으로 만족해야 했다. 이어서 쇼와신잔[昭和新山]을 찾았다. 활발한 화산활동으로 인한 지진 때문에 1943년 12월에 형성된 화산인데 지금도 뿌연 연기와 매캐한 유황냄새를 내뿜고 있었다.

오늘밤은 홋카이도에서도 가장 아름다운 자연미를 자랑하는 온천지역 기타유자와의 전통온천호텔인 메이수이테이[名水停] 다다미방에서 하룻밤을 자게 되었다. 일본인의 전통적인 잠자리를 체험할 수 있는 기회다. 이 호텔의 온천은 유황온천이어서 피부와 신경통에 좋다고 하여 오늘밤도 온천욕을 즐겼다. 날마다 하루에 두 번씩 온천욕을 할 수 있으니 이번 홋카이도 나들이는 참으로 행복한 여행이다.

일본이 왜 장수의 나라인가 했더니

—아내 덕에 다녀 온 일본 여행 ③

일본이 세계적으로 장수의 나라라는 것은 누구나 다 아는 상식이다. 일본 사람들의 평균수명은 남자가 79세이고 여자는 85.81세. 우리나라 사람들보다는 그들이 남녀 모두 5살쯤 더 오래 산다는 이야기다. 100세 이상의 노인은 무려 2만 8천여 명으로 우리나라보다 무려 30배나 많다. 일본 역시 노인문제가 큰 사회문제구나 싶었다.

일본사람들이 그처럼 장수하게 된 이유는 무엇일까? 가이드의 설명을 들으니 머리가 끄덕여졌다. 맵고 짜지 않게 먹는 식성과 해산물이나 채소 위주의 먹을거리, 소식(小食)과, 적당한 운동 그리고 충분히 잠을 자는 것이 바로 장수의 비결이라는 것이다. 또 날마다 녹차를 즐겨 마시는 것도 장수에 도움이 된다고 했다. 어떤 사람은 하루에 녹차를 무려 22잔이나 마시기도 한다는 것이다. 그밖에 온천욕을 즐기는 것도 하나의 원인이려니 싶었다.

오늘도 나는 이른 새벽 호텔온천을 찾았다. 나이가 지긋한 노인들이 많아서 그런지 벌써 여러 사람이 온천욕을 즐기고 있었다. 노천온천으로 나가니 발가벗은 채 구령을 외치며 체조로 몸을 푸는 노인이 있었다. 맑은 공기를 마시고 청정한 기분에 젖어서 그런지 활기차 보였다. 나도 덩달아 기분이 상쾌해졌다.

오늘은 아름다운 항구도시 하코다테函館를 둘러보는 날이다. 이 홋카이도의 하코다테는 일본이 나가사끼, 요코하마와 더불어 처음으로 서양 사람들에게 문호를 연 3대 항구 중 하나다. 일본의 근대화는 바로 여기서부터 비롯되었다고 해도 지나친 말이 아니다. 개항의 흔적이 지금까지도 그대로 남아 있어 감회가 새로웠다.

일본은 이들 3대 항구를 개항하면서 서양식 근대화방식을 받아들이게 되었다. 서양식 근대화의 요체는 목적지향성[Goal Orientation: 目的志向性]이란 점이다. 일본인은 누구나 자기 분야에서 일본 최고가 되기를 바랐다. 그러니 일본의 산업은 모든 분야가 고르게 발전할 수 있었던 것이다. 아무리 도쿄제국대학을 나온 수재라 하더라도 자기 아버지가 몇 대째 우동집을 경영하고 있으면 벼슬길로 나가지 않고 그 가업家業을 물려받았다는 것이다. 그러니 일본은 모든 산업이 고르게 발전하고 국력이 크게 신장될 수밖에 없었던 것이다. 그런데 우리나라나 중국은 근대화 과정에서 지위지향성[Status Orientation: 地位志向性]을 추구했다. 머리가 좋은 사람들은 누구나 과거에 응시하여 벼슬길로 나가려 했던 것이다. 그 결과 머리 좋은 젊은이들이 벼슬길로 몰려들었고, 엄청난 경쟁을 뚫고 벼슬길에 오른 사람들은 또 승진할 때마다 무한경쟁을 해야 했다. 인재들이 모두 벼슬길로 모이다 보니 모든 산업이

고르게 발전할 수 없었다. 세월이 흐르면서 그게 국력의 차이로 나타났고, 결국 우리나라는 일본의 침략을 받았던 것이다. 안타까운 일이 아닐 수 없다.

하코다테에서 가장 아름다운 언덕인 하치만자카(八幡坂)에는 개항 때 세운 서양식 건물들이 그대로 남아있어 멋진 풍경이었다. 옛날 행정중심지답게 구 하코다테 공회당도 그대로 있었다. 또 항구 쪽으로 내려가니 20세기 초 개항 때부터 세워진 붉은 색 벽돌창고가 여러 채 있었는데, 그 창고는 갖가지 상품과 음식을 파는 쇼핑 몰로 활용되고 있었다. 물류창고로 쓰였던 창고의 겉모습을 그대로 둔 채 내부만 바꿔서 재활용하는 일본인들의 지혜가 놀라웠다. 창고들이 있기에 개항 때의 분위기를 그대로 엿볼 수 있어 관광객들의 눈길을 끌었다.

거리에 가로등이 하나둘 켜질 무렵 하코다테 로프웨이를 찾았다. 세계 3대 야경夜景 중 하나로 꼽힌다는 곳이다. 높이가 335미터의 하코다테 산 정상에서 해가 진 뒤 서서히 드러나는 이 야경이 '백만 불 야경'이라던가? 그러나 남산의 서울타워에서 굽어 본 서울의 환상적인 야경에는 미치지 못한 것 같았다. 제 눈에 안경이어서 그럴까?

여행에는 으레 에피소드가 있게 마련이다. 우리 일행 중에서도 그런 일이 있었다. 아침식사를 마치고 메이수테이호텔을 떠나면서 각자 자기 가방을 챙겼다. 그런데 하코다테에 도착하여 여기저기 둘러보고 있는데 호텔에서 가이드에게 연락이 왔다. 우리 일행 중 누군가가 자기 가방을 남겨두고 떠났다는 것이다. 그러나 아무도 선뜻 내 가방이라고 나서는 이가 없었다. 그 가방의 명찰을 보라고 했더니 우리 일행인 ㅈ씨의 가방이었다. 정신을 차린다고 차려도 이런 실수가 따른다. 그 호텔에서 나오는 관광버스 편에 돌려받긴 했지만, 그 가방이 도착할 때까지 기다린 우리의 시간낭비는 아무도 보상해 주지 않았다.

오늘 머물 곳은 하코다테 유노카와지역에 위치한 헤이세이칸[平成館] 온천호텔이다. 바다가 가까워서 호텔 방안에서도 태평양 바다가 읊어대는 파도소리가 들렸다. 버스 안에서 들었던 가이드의 이야기가 문득 떠올랐다. 일본 사람들이 무서워하는 것 3가지는 지진과 화재 그리고 아버지라고 했던가?

오키나와 홀아비

—아내 덕에 다녀 온 일본 여행 ④

전국 최고기온 37.6℃를 기록한 전주를 떠나 오키나와로 피서를 갔던 게 8월 23일이었다. 그러나 오키나와의 날씨도 만만치 않았다. 오키나와에서 머문 나흘 동안 날마다 기온은 32℃를 유지했었다. 결국 한국더위를 피해 오키나와로 갔다가 그곳에서 일본더위와 씨름하다 돌아온 셈이다.

이번 여행은 대학동창부부와 홀아비 두 명이 함께 떠난 여행이었다. 아내를 동반하지 못한 친구들은 아내의 갑작스런 낙상으로 동행을 못한 L과 아내가 외손자를 돌봐준다는 K 등 두 친구가 오키나와 홀아비였다. 우리는 1962년에 J대학에서 만났으니 51년의 우정을 쌓은 셈이다. 몇 년 전에 우리는 북유럽에 다녀온 적도 있다. 그 경험을 바탕으로 처음엔 러시아로 가자고 했었다. 그러나 경비가 만만치 않아 행선지를 오키나와로 바꾼 것이다. 일본여행은 많이 다녔지만 다행히 오키나와에 가본 친구는 없었다.

오키나와가 일본 땅이긴 하지만 일본냄새가 별로 풍기지 않았다. 지리적으로도 일본 본토에서 멀리 떨어져 있고, 미군이 주둔하고 있기 때문이 아닌가 싶었다. 그래서 더 호기심이 컸던 곳이다. 인천국제공항에서 아시아나항공을 타고 2시간 반쯤 날아가니 오키나와 나하공항에 닿았다. 외국이라 그렇겠지만 이국적인 분위기가 느껴졌다.

이 오키나와가 옛날의 유구왕국流球王國이어서 감회가 새로웠다. 이 섬은 규우슈九州와 타이완臺灣의 중간쯤 위치한 열도로서 오키나와군도, 미야모군도宮古群島, 야해잔군도八重山群島 등 50여 개 섬으로 구성되어 있다.

고려 말, 이 유구국 중산왕 찰도中產王 察度가 사신 왕지王之를 고려에 보내 표를 올려 신臣이라 칭하고, 방물을 바친 적이 있다고 한다. 이에 따라 고려도 전객령典客令 김윤후金允厚, 부령 김인용金引用을 보내 답례를 했다고 역사는 기록하고 있다. 이 유구국은 오래 전부터 우리나라와 교류가 있었던 것이다.

오키나와는 참 조용한 섬이었다. 관광버스를 타고 나흘 동안 누비고 다녔지만 교회나 성당, 사찰 등 종교기관을 구경할 수가 없었다. 또 병원이나 약국 간판도 볼 수 없었다. 대형 매장인 아울렛을 찾았지만 그곳에서도 병원이나 약국은 보이지 않았다. 또 미군이 주둔하고 있다는데 거리에서 군복을 입은 미군들의 모습을 볼 수도 없었다. 미군비행장이 있는 군산에만 가도 거리에서 미군의 모습을 손쉽게 만날 수 있는데 참 이상한 일이라는 생각이 들었다.

사실 여부를 확인할 길은 없지만 허균의 『홍길동전』에서 홍길동이 세웠다는 율도국律島國이 바로 오키나와라는 설도 있다. 그렇다면 오키나와가 우리나라의 땅이 되었을 텐데….

오키나와에서 머문 사흘 밤을 나하시의 동경제일호텔東京第一HOTEL에서 묵었다. 다른 외국여행에서는 드문 일이다. 저녁식사는 날마다 그 호텔에서 뷔페식으로 했었다. 그런데 특이한 것은 웃돈을 얹어주니 술값은 무한리필이라고 했다. 여섯 친구 중 한 명을 제외하고는 두주불사형 주당들이었으니 누가 반대하겠는가? 술 종류도 많았다. 소주, 맥주, 양주, 와인, 산토리 등 마시고 싶은 대로 가져다 마시면 되었다. 모교에서 교수로 정년퇴직하고 학생 200명을 대상으로 와인 특강을 하는 P가 주로 마실 술을 선택해 주었다. 술이 얼큰해지자 P가 말을 꺼냈다.

"고희古稀를 넘긴 친구들이 이렇게 함께 외국에 나와서 여러 가지 술을 마시니 얼마나 행복한가?"

"그래. 옳은 말이야. 건강하니까 외국에도 나왔고, 술도 잘 마시지 않겠어?"

모두가 이구동성으로 맞장구를 치며 술잔을 높이 치켜들고 건배를 외쳤다. 이처럼 신나는 술자리는 사흘 밤 내내 계속되었다. 아내들이 옆자리에서 지켜보고 있었지만 우리의 행사에 브레이크를 걸지는 않았다. 아내들의 잔소리가 없으니 더 즐거웠고 더 신바람이 났다.

안주로 먹겠다면서 초밥을 한 접시 가져다 놓은 어떤 친구는 당뇨 때문에 쌀밥은 독이라면서 초밥의 생선만 벗겨 먹고 밥은 쌓아두었다. 굶주림에 시달리는 북한이나 아프리카 어린이들이 떠올라 마음이 찜찜했다.

나흘 동안 관광버스를 타고 돌아다니면서도 단체사진을 한 장도 찍지 않았다. 있는 사진도 없애야 할 나이에 사진은 찍어서 무얼 하느냐는 생각들을 공유하고 있었던 듯싶다. 하기야 쭈글쭈글한 얼굴들을 사진으로 남겨서 누구에게 보여 줄 것인가?

그런데 일흔 살이 넘었는데도 어린아이 같은 치기稚氣는 남아 있었다. 어느 해수욕장에 내려놓자 L회장은 옷을 입은 채 풍덩 바닷물로 뛰어들었다. 그러자 L여사도 조심조심 물속으로 들어갔다. 그 순간 장난꾸러기 L회장이 L여사를 물속으로 빠뜨려버렸다. 두 사람은 물에 빠진 생쥐 꼴이 되었지만 마냥 즐거운 듯 깔깔거렸다. 바닷물은 짙은 초록색이었지만 그 두 사람의 옷은 색깔이 초록색으로 물들지 않았다.

고희를 넘긴 할아버지 할머니들의 오키나와 여행은 또 하나의 즐거운 추억 만들기였다. 비록 앨범에 보관할 사진은 한 장도 찍지 않았지만 그런대로 즐거운 나들이였다.

(2013. 9. 26.)

숟가락이 없어서

—아내 덕에 다녀 온 일본 여행 ⑤

일본여행을 가려면 휴대용 숟가락 한 개쯤 가지고 갈 일이다. 홋카이도에서만 그런지는 모르지만 홋카이도의 일류 호텔 식당이나 유명 음식점에서도 숟가락을 구경할 수 없었다. 나무젓가락만 줄 뿐 숟가락은 아예 주지 않았다. 된장국을 주는 곳이나, 국물이 있는 식단인데도 숟가락은 없었다. 3박 4일 내내 그랬다. 군대시절 수통에 개인 숟가락을 꽂고 다니던 때가 떠올랐다.

오늘은 일본 홋카이도 여행 마지막 날. 서둘러 고료카쿠공원[五稜郭]을 찾았다. 이 고료카쿠공원은 일본 최초로 1864년에 프랑스건축방식으로 축성한 에도 말기의 성곽이다. 높은 곳에서 내려다보면 5각형의 별 모양을 이루고 있는 게 특이했다. 고료카쿠는 1853년 미국의 페리 함대가 들이닥친 이른바 흑선내항이라는 사건과 관련이 있다. 이 미국함대의 개항요구에 굴복한 도쿠가와 막부는 1854년에 일미화친조약을 체결하고, 하코다테[函館]를 개항했다.

이 하코다테를 통치하고자 막부가 설치한 하코다테 부교[函館 奉行]는 이곳의 산업육성과 개척 그리고 하코다테 방비강화를 위해 난학자[蘭學者]인 다케다 아야사부로에게 부교소[奉行所] 청사 이전에 따른 새로운 요새를 설계하라고 명했다. 이에 따라 다케다 아야사부로는 유럽의 성곽도시를 모델로 한 요새를 고안했던 것이다. 약 7년 만에 완공한 고료카쿠는 홋카이도의 옛날 별칭의 하나인 에조의 정치와 외교, 방위의 거점으로 발전하게 되었다.

미국의 요구에 굴복한 도쿠가와 막부에 대한 일본인들의 불만은 마침내 막부타도운동으로 발전하여 일본을 둘로 나눈 보신전쟁의 원인이 되었다. 풍전등화의 위기에 빠진 막부세력 중 구 막부군 해군 부총재 에노모토 다케아키는 육군의 여러 부대를 수용한 함대를 이끌고 에조로 건너와 고료카쿠를 점거했다. 그들은 1868년 12월 임시정권을 수립하고 정부에 도쿠가와 가신에 의한 에조개척허가를 요구했다. 그러나 그 다음해 봄, 정부는 정벌군을 파견하여 구 막부 탈주군에 대한 공격을 개시함으로써 하코다테 전쟁이 발발했다. 압도적인 전력으로 공격한 신 막부군 앞에 히지카다 도시조와 같은 역전의 용사들도 허무하게 무너져 고료카쿠는 포위되고 말았다. 마침내 구 막부군이 항복함으로써 드디어 전쟁은 끝났다.

이런 역사를 안고 있는 고료카쿠는 일본의 봉건제도를 무너뜨린 땅이지만, 그 뒤 1914년에 공원으로 개방되어 시민들의 휴식공간으로 활용되고 있다. 1952년에는 특별사적으로 지정되어 지금은 역사의 증언자로서 관광객들의 발길을 붙잡는다.

이 고료카쿠에는 107미터 높이의 고료카쿠타워가 세워져서 관광객들의 필수 탐방 코스가 되고 있다. 한 번에 5백 명까지 수용할 수 있는 고료카쿠타워 전망대에서 내려다보니 멀리 하코다테 산과 쓰가루해협 그리고 별 모양의 성곽이 한 눈에 들어왔다.

고료카쿠는 사계절 언제나 아름답다고 한다. 특히 봄에는 1,600그루의 왕벚나무가 활짝 꽃을 피워 장관을 이루고, 초여름에는 '하코다테 고료카쿠 축제'가 열리는데 페리제독의 내항으로 시작된 고료카쿠의 역사를 재현하는 '시민창작 하코다테 야외극'은 고료카쿠의 해자解字와 돌담이 화려한 야외극의 무대가 된다고 한다. '고료 별의 꿈(호시노 유메)'은 별 모양의 해자 주위를 2,000개의 조명으로 장식하여 장관을 연출한다는 것이다. 고료카쿠는 이제 시민문화의 발신지가 되고 있다.

고료카쿠타워에 오르면 특히 전망 2층을 꼭 찾아보아야 한다. 고료카쿠 역사의 회랑인 그곳에는 고료카쿠의 역사를 배울 수 있는 전시장이 마련되어 있다. 그래픽으로 보여주는 '고료카쿠 이야기'는 페리제독의 내항부터 시작되는 고료카쿠의 역사를 연표와 그림, 도면으로 알기 쉽게 소개하고 있어 눈길을 끈다. 그리고 16개의 정경모형 '메모리얼 풀'을 통해 고료카쿠가 거쳐 온 격동의 역사와 그 드라마를 직접 볼 수도 있다. 이걸 보더라도 일본의 역사 역시 순탄하게만 흘러 온 것은 아니라는 생각이 들었다. 동서고금의 역사를 보더라도 역사는 백성의 피를 먹고 발전하는 것 같다.

이제 하코다테 국제공항으로 달려가 오후 1시 40분에 이륙하여 인천국제공항으로 가는 대한항공 KE774기에 올라야 한다. 내 나라 내 삶터로 간다는 게 이렇게 즐거울 줄을 예전엔 미처 몰랐었다. 오늘 저녁부터는 끼니때마다 숟가락 때문에 걱정하지 않아도 될 것이다.

이빨 빼놓고 떠난 일본여행

—아내 덕에 다녀 온 일본 여행 ⑥

"아니, 이걸 어쩐다?"

보통 일이 아니구나 싶었다. 앞으로 4박5일 동안 위胃가 크게 고생해야 될 것 같다는 예감이 들었다. 이빨이 시원치 않으면 위가 고생하는 건 당연한 일이 아닌가?

순간적인 실수였다. 새벽 3시 반 인천공항으로 가는 리무진버스를 타려고 서두르다보니 그리된 것이다. 어젯밤 여행용 가방에 세면도구며 옷가지 등 필요한 물건들을 꼼꼼히 챙겨 머리맡에 두었다. 그 가방만 들고 가면 되려니 싶어 홀가분한 마음으로 잠자리에 들었다. 새벽 3시쯤 아내가 끓여준 따끈한 꿀 차 한 잔을 마시고 집을 나섰다. 일행이 모두 버스에 오르자 어둠을 가르며 버스는 인천공항을 향하여 달리기 시작했다. 이른 시각이라 고속도로가 한가해서 달리기 좋았다. 차창 밖은 아직도 칠흑 같은 어둠에 휩싸여 있었다. 나는 한숨 자려고 버스 안에서 눈을 지그시 감았다. 그런데 무엇인가 허전한 느낌이 들어 입안에서 혀를 굴려 보았다.

'아니, 이럴 수가?' 위쪽 틀니가 없지 않은가? 어젯밤에 빼어놓고 잔 뒤 아침에 다시 끼지 않고 나왔던 것이다. 보통 일이 아니었다. 그건 백화점이나 마트에서 손쉽게 살 수 있는 물건도 아니고, 치과에 가더라도 1주일 이상은 지나야 맞출 수 있는 게 아니던가? 아무리 일본이 선진국이라 해도 틀니를 만들어 파는 곳은 없을 것이다. 참으로 난감했다. 그렇다고 버스를 우리 집으로 돌리라고 할 수도 없는 일이었다. 누구에게 이야기조차 못한 채 벙어리 냉가슴 앓듯 해야 했다. 이제 와서 누구를 탓할 것이며, 탓한들 무슨 소용이 있으랴.

인천국제공항에 도착하여 탑승수속을 마치고 아침식사를 하려고 된장찌개백반을 시켰다. 틀니 빠진 치아로 먹기 연습을 해보았다. 예상대로 잘 씹을 수 없어서 씹는 둥 마는 둥 하고 넘겼다. 잘 넘겨지지 않으면 물을 마셨다. 그런 다음에는 위가 책임지겠거니 여기면서….

일본 후쿠오카공항 행 아시아나항공 좌석 32D에 앉았다. 비행기가 이륙한 지 얼마 되지 않아 기내식을 주었다. 또 대충 먹어치웠다. 인천공항을 떠난 지 50분 만에 후쿠오카공항에 도착했다. 시간으로 따지면 광주공항에서 제주공항 정도의 가까운 거리였다. 말로만 들었던 '가까운 나라 일본'을 실감할 수 있었다. JAL리조트 시호크 호텔(SEA HAWK HOTEL) 2744호에 여장을 풀었다. 창밖으로 내려다보이는 시가지 표정은 아늑하고 평화로운 느낌이었다. 인구 160만 명인 후쿠오카는 백제의 후손이 많이 사는 항구도시라고 했다.

날마다 하루 세끼 끼니때만 돌아오면 걱정이었다. 내가 입을 꼭 다물고 있으니 내 딱한 사정을 아는 이는 아무도 없었다. 나 혼자서만 속으로 끙끙 앓을 뿐이었다. 첫날 저녁식사 역시 대충대충 먹을 수 있었다. 일본요리가 한국요리나 크게 다르지 않고 딱딱한 게 없어서 다행이었다. 끼니때만 되면 나는 돌아가신 할머니 모습을 떠올렸다. 치아가 없는 데도 할머니는 게를 참 좋아하셨다. 어쩌다 게 요리를 만들어드리면 그 딱딱한 게 껍질이며 다리까지 남김없이 다 잡수셨다. 지금 생각해 보아도 불가사의한 일이다. 나는 옛날이나 지금이나 할머니처럼 남김없이 게를 먹을 줄 아는 기술이 없다. 나와는 거리가 먼 것이 게 요리라고 여긴다.

나는 이번 4박5일 간의 일본여행 때 감기가 보디가드처럼 항상 나와 동행했었다. 시도 때도 없이 기침이 쏟아져 애를 먹었다. 미리 준비해 간 감기약을 제때 복용했지만 잘 듣지 않았다. 감기 때문에 여느 해외여행과는 달리 술을 마실 수 없어 아쉬웠다. 처음에는 조금 섭섭했지만 결과적으로는 내 건강을 지키는데 도움이 되었다. 감기가 꼭 나쁜 것만은 아니구나 싶었다. 귀국하는 비행기 안에서 감기를 현해탄에 빠뜨리고 오려고 생각했지만 비행기 문을 열 수 없어 결국 집까지 다시 데리고 올 수밖에 없었다.

21세기 한민족의 비전과 평화통일을 위한 새로운 리더십이란 주제의 제42차 평화통일 한국지도자 국제세미나를 모두 마치고 귀국하게 되자 내 위가 아내보다 더 좋아했다. 이제는 집에 두고 간 틀니를 끼고 음식을 먹을 수 있으니 자기 고생은 끝났다고 생각한 때문일 것이다. 집에 도착하여 두고 간 틀니를 찾으니 자기를 떼어놓고 간 나에게 섭섭한 표정을 짓는 것 같았다. 그럴 만도 하다는 생각이 들어 나는 고마운 내 틀니에게 정중히 사과하지 않을 수 없었다.

"틀니야, 대단히 미안하다. 너와 내가 동고동락한 지 무릇 몇 년이더냐? 내 신체의 일부가 된 너를 떼어놓고 해외여행을 다녀오고 말았구나. 본의는 아니었지만 정말 미안하다. 나도 벌써 망령이 들었나보다. 너를 데리고 가지 않아서 그 일본 땅에서 마음놓고 음식을 못 먹었다면 이해하겠니? 이번 네가 빠진 여행을 통하여 너의 소중함을 다시 한 번 절실히 깨달았단다. 앞으로는 절대로 그런 일이 없을 터이니 이번의 내 실수를 너른 마음으로 용서해다오. 한 번의 실수는 병가상사라 하지 않더냐?"

Chapter 6

뉴질랜드 여행기

짝짝이 양말

양몰이 개

길고 흰 구름의 나라, 뉴질랜드

짝짝이 양말

—뉴질랜드 여행기 ①

옛날 어머니가 솜을 두툼하게 넣어 만들어주신 버선을 신으면 발이 시리지 않아서 좋았다. 그러다 중학생이 되면서부터는 양말을 신었다. 버선보다는 가볍고 멋져 보였지만 구멍이 잘 났고, 추운 날에는 발이 시렸다. 내가 양말을 신었던 역사를 되새겨보니 어느덧 반세기도 훨씬 더 지났다. 그런데 지금까지 나는 짝짝이 양말을 한 번도 신어본 기억이 없다. 구멍난 양말을 꿰매어 신었던 기억도 아스라하다. 양말 한 짝이 구멍 나면 멀쩡한 다른 쪽 양말까지 함께 쓰레기통에 버리곤 했으니까. 마치 임금이나 남편이 죽으면 살아있는 신하나 아내를 같이 땅속에 묻었던 순장殉葬처럼.

지난여름 뉴질랜드에 갔을 때 들었던 이야기다. 이민을 가서 성공한 동포인 어떤 식당주인은 이웃에 사는 뉴질랜드 6 · 25참전용사 7명을 해마다 한 차례씩 초청하여 식사를 대접하고 가끔 그들의 집을 방문하여 지원하고 있었다. 어느 날 참전용사 한 분을 찾아갔더니 빨간색과 검정색 짝짝이양말을 신은 채 자신을 맞아 놀랐다고 한다. 그렇게까지 하지 않아도 살아가는데 지장이 없을 정도로 연금을 받는데….

뉴질랜드라면 사회보장제도가 잘 되어 있는 부자나라인데도 그 나라 사람들은 그렇게 산다는 것이다. 문득 우리나라에서 인기 연예인이 앞장서서 이 짝짝이 양말을 유행시키면 어떨까 하는 생각이 들었다.

뉴질랜드사람들의 에너지절약 태도 역시 본받을 만했다. 우리를 태우고 다닌 관광버스는 그 때가 그 나라의 겨울인데도 우리가 타기 전에 미리 시동을 걸어둔 적이 없었다. 우리가 모두 버스에 타면 그 때에야 시동을 걸었다. 우리는 오돌오돌 떨면서 버스 안이 따뜻해지기를 기다리지 않을 수 없었다. 또 뉴질랜드에서는 버스 안에 음식이나 술을 실을 수 없었다. 만일 교통순경의 불심 검문에 적발되면 벌금을 물어야 한다고 했다. 우리나라 관광버스와는 너무도 대조적이어서 놀랐다.

그 나라는 땅이 넓고 인구는 작으니 우리나라 도시의 출퇴근길처럼 차가 밀려서 기름을 낭비하는 일도 드물다. 또 밤이면 우리나라처럼 화려한 야간조명을 구경할 수도 없었다. 일반 주택에서 흘러나오는 불빛은 마치 옛날 우리나라의 창호지 문에 비치는 호롱불처럼 희미하게 보였다. 전기를 낭비하지 않으려는 그 나라사람들의 생활태도를 엿볼 수 있었다.

그 나라의 젊은이들은 18세가 되면 부모 슬하를 벗어나 자립해야 된다고 한다. 대학에 진학하더라도 부모의 도움을 받지 않고 정부와 학생이 직접 계약을 맺어 지원을 받고, 졸업 후 조금씩 갚아 가면 된다는 것이다. 심지어 부모의 집조차도 그 자녀가 공짜로 물려받는 게 아니라 융자를 받아서 사야 한다는 것이다. 우리나라의 계산법으로는 도무지 이해할 수 없는 나라였다. 면적에 대비해서 골프장이 가장 많은 나라 뉴질랜드 사람의 사는 법은 그러했다. 우리나라에서는 골프가 부유층이나 고위층이 즐기는 고급스포츠이지만 뉴질랜드에서는 한 번 치는데 만 원 정도면 되니 가장 값싼 대중 스포츠였다. 인구 130만이 사는 오크랜드의 경우 인구 네 명당 자동차가 한 대이며 다섯 명당 보트나 요트가 한 대라고 하니 그들의 생활형편이 어느 정도인지 미뤄 짐작할만하다. 뉴질랜드 남 섬의 크라이스트처치란 도시는 이 나라 토지청 다음으로 땅을 많이 소유하고 있고, 다양한 수익사업도 벌이기 때문에 시민들에게서 수돗물 값을 받지 않는다고 한다. 참으로 뉴질랜드는 요지경의 나라이자 부러움의 나라였다.

양몰이 개

—뉴질랜드 여행기 ②

넓은 땅, 적은 인구, 풍요한 자원을 가진 나라는 어디일까? 퍼즐이나 퀴즈로 출제될 법한 문제다. 더 힌트를 준다면 영국이나 일본과 비슷한 면적인데 인구는 고작 4백만밖에 되지 않는 넉넉한 나라라면? 이쯤 되면 바로 '뉴질랜드!'란 정답이 금세 튀어나올 것이다.

그 나라에서는 4백만 인구가 4,000만 마리의 양을 키운다. 양의 종류도 무려 19가지나 된다. 인구가 모자란 그 나라에서는 그 많은 양들을 어떻게 관리할 것인가, 그게 궁금하기 마련이다. 그 나라의 국토는 강과 호수 그리고 산림지역을 제외하고는 거의가 푸른 초원이다. 드넓은 초원에서는 양떼를 비롯하여 소와 말, 사슴, 타조 등이 한가롭게 노닐고 있어 마냥 평화로워 보인다. 그러나 그 나라의 가축들에겐 우리나라처럼 우리畜舍를 마련해주지 않는다.

가축들은 초원에서 태어나 초원에서 자라며, 초원에서 멋대로 짝짓기를 하여 2세를 출산한다. 우리나라의 가축들처럼 주인의 따뜻한 보살핌을 받지 못한다. 밤이면 우리에서 잠을 재우고 아침이면 풀밭으로 몰고 나오는 우리나라의 소나 염소와는 처지가 다르다. 밤낮과 계절에 구애받지 않고 초원에서 풍찬노숙風餐露宿하며 평생을 보낸다. 뉴질랜드의 양떼는 사흘 맑고 나흘 비가 내린다三晴四雨는 날씨에도 아랑곳없이 초원에서 어울려 살며 비나 눈을 맞고 살아야 한다. 그게 그들의 숙명이다. 그러니 양들은 더 건강하고 육질이 좋을 수밖에 없다는 것이다. 차를 타고 지나면서 차창 밖을 내다보면 양떼들이 흩어져 노는 모습이 마치 밥풀 같기도 하고, 된장 항아리 속의 쉬 같이 보이기도 한다.

초원에서 피리를 불며 한가롭게 양떼를 몰고 다니는 목동은 구경조차 할 수가 없다. 그 목동의 임무를 개가 대신 맡아 효율적으로 수행한다. 다섯 마리로 편성된 양몰이 개 한 팀은 대개 3천 마리의 양들을 관리한다. 그 다섯 마리의 개들은 위계질서가 분명한데 가장 우두머리 개는 '째려보는 개'이고, 부 두목은 '짖는 개'이며, 나머지 세 마리는 행동대원이다. 우두머리 개가 양떼들을 째려보고 있으면 양들은 주눅이 들고, 그에 맞춰 부두목이 이리 뛰고 저리 뛰며 우렁차게 짖어대면 양들은 넋이 나간다. 그럴 때 행동대원들이 양떼를 몰아가고 싶은 방향으로 유도한다는 것이다. 잘 훈련된 뉴질랜드 개들은 농민을 위하여 무보수로 큰 역할을 한다고나 할까?

뉴질랜드 북 섬 매킨지 테카포 호수 근처에는 개 동상이 세워져 관광객들의 눈길을 사로잡는다. 스코트랜드 코리종 개의 동상 앞에는 이런 글귀가 새겨져 있다.

"네가 없었으면 우리는 목장을 운영하지 못했을 것이다. 고맙게 생각한다."

처음으로 이 마을에 양을 몰아다 준데 대하여 양 목장을 운영하는 농민들의 진정한 고마운 뜻이 여기에 아로새겨져 있다. 개 동상이 그곳에 세워진 데는 전설 같은 이야기가 전해온다. 영국의 소매치기범인 매킨지가 호주로 추방되었다가 뉴질랜드의 어느 금광에 취직이 되었다는 것이다. 어느 날 점심 때 빵을 먹고 있는데 개가 나타나 자기를 바라보고 있기에 먹던 빵 조각을 나눠주었다고 한다. 그 개는 사흘이나 날마다 찾아와서 빵 조각을 얻어먹었다. 그러자 매킨지는 그 개를 자기 집으로 데려가 함께 살게 되었는데 며칠 뒤 대문 앞에 양 한 마리가 있더란다. 그 개는 날마다 다른 목장에서 양들을 몰고 왔다. 어느덧 매킨지 목장에는 천여 마리의 양떼가 모여들었다. 식구가 불어나자 매킨지는 더 넓은 초원을 찾아 헤매다 숨겨진 큰 초원을 발견하게 되었고, 그 일대가 양떼목장이 되었다. 매킨지의 그 공을 기리고자 그 지역의 명칭을 매킨지로 부르게 되었고, 처음으로 양을 매킨지에게 데려다 준 후라이 데이란 그 개의 동상을 그곳에 세웠다고 한다. 주인의 목숨을 구해주고 죽었다는 대한민국 전라도 오수땅에서 의견義犬의 동상만 보았던 내게 뉴질랜드 북 섬 매킨지의 양몰이 개 동상은 개에 대한 새로운 느낌을 갖게 해 주었다.

뉴질랜드의 양은 양털이나 고기만으로 주인에게 돈을 벌게 해주는 게 아니었다. 로토루아 아그로돔 농장에서 본 양털 깎기 쇼는 입장료를 내고서도 볼만했다. 2백여 명쯤 입장이 가능한 강당에는 한국·

미국 · 일본 · 중국인관광객들이 입장했었다. 다른 나라 사람들은 모두 관광버스 한 대 정도의 인원인데 우리나라 사람들만 두 대의 인원이었다. 뉴질랜드에서 방목되는 19가지 종류의 양들이 단상에 서열대로 등장했다. 양의 무대 등장방식은 마치 미인선발대회에서 사회자의 호명에 따라 등장하는 미인들과 흡사했다.

사회자가 양 한 마리의 털을 홀딱 깎는 데는 불과 45초 밖에 걸리지 않았다. 양털 깎기 쇼는 많은 웃음을 자아낸 코미디였다. 다양한 볼거리를 제공한 뒤 양몰이 개가 등장하여 무대를 휘젓고 다니자 양들은 겁먹은 표정이 역력했다. 뉴질랜드 농민들이 개를 활용하여 양을 다스리는 걸 보면서 이럴 때 이이제이以夷制夷란 말을 사용하면 좋겠구나 생각하기도 했다. 오수의 의견이나 뉴질랜드의 양몰이 개를 보더라도 양의 동서를 떠나 개는 오로지 인간을 위하여 봉사하는 가축임을 알 수 있다. 그런데 우리나라에는 보신탕집이 많은데 뉴질랜드에서는 보신탕집을 찾아볼 수가 없었다.

길고 흰 구름의 나라, 뉴질랜드

—뉴질랜드 여행기 ③

우리나라 반대쪽에 있는 이상한 나라에 다녀왔다. 마치 꿈을 꾸다가 깬 것 같은 기분이다. 둥근 지구본에서 우리나라를 찾아 기다란 송곳으로 꾹 찌르면 바로 180도 밖인 그 나라가 나온다던가? 초여름에 우리나라를 떠났는데 그곳은 겨울이었다. 아무튼 그 나라는 우리나라와 반대되는 게 너무 많아 눈길을 끌었다.

그 나라의 남섬 크라이스트처치(Christchurch)공항에 내려서 가이드가 안내하는 관광버스에 올랐다. 이상했다. 버스 타는 입구부터가 우리나라와는 달랐다. 자세히 살펴보니 왼쪽에 있어야 할 운전석이 오른쪽에 있었다. 그러니 자동차는 도로 왼쪽 차선으로 달려야만 했다. 앞에서 달려오는 차가 금방 우리 차를 들이받을 것 같은 느낌이 들었다. 냉장고 문을 여닫는 것도 왼쪽 문을 이용해야 하고, 실내 전등의 스위치 작동도 우리와는 반대였으며, 돈 세는 법도 우리와는 달랐다. 왼손잡이가 오히려 살기 편한 나라가 아닌가 싶었다.

우리는 집을 짓거나 살 때 남향집을 좋아하는데 그 나라 사람들은 북향집을 선호한다는 것이다. 우리나라가 북반구에 있는데 반해 그 나라는 남반구이기 때문이다. 우유를 생산하는 젖소마저도 우리를 헷갈리게 하는데 한몫 했다. 우리나라에서는 검은색 바탕에 흰 무늬가 있는 게 젖소고 노란색 소들은 일반 소다. 그런데 그 나라에서는 그 반대였다. 두 나라 모두 사람이 사는 나라인데 이처럼 다를 수 있다니, 놀라운 발견이었다.

우리나라는 아직까지도 남성중심의 나라인데 그 나라는 여성중심의 나라다. 우리나라의 대통령은 남성인데 그 나라의 수상은 여성이다. 이민 간 지 11년이 된다는 가이드 J씨가 들려준 이야기 한 토막에서 그 나라 남성들의 위상을 엿볼 수 있었다. 어느 주말에 J씨는 가족과 더불어 공원에 놀러 갔단다. 공원에는 고기를 구워먹을 수 있는 바비큐 시설이 모두 갖춰져 있는데 남성들이 땀을 뻘뻘 흘리며 고기를 구웠다. 그때 여성들은 한가롭게 담배를 피우면서 아이들과 놀고 있더란다. 단군의 자손이자 귀한 양반 가문의 외아들인 J씨는 당당하게 한국식으로 아내가 고기를 굽도록 했다. 얼마 뒤 아내가 돌아와 놀라운 이야기를 전해주더라는 것이다. 고기를 굽던 그 나라 남편들이 J씨 아내에게 혼자 사느냐고 묻기에 남편이 있다고 했더니, 그런데 왜 여성이 고기를 굽느냐면서 그런 남편과는 당장 이혼하라고 하더라는 것이다. J씨와 그 아내가 얼마나 황당했을 것인가? 고기 굽는 일조차도 우리나라와는 반대다. 이 나라가 얼마나 여성중심의 나라인가를 알려주는 에피소드가 또 하나 있다. 엘리베이터를 탈 때의 순서는 여성, 아이, 부모, 애완용 개나 고양이, 그 다음이 남편이라고 한다. 이런 설명을 들으며 우리는, 아들내외는 그냥 우리나라에서 살게 하고 딸과 사위를 이 나라로 이민 오게 하는 게 좋겠다며 웃었다. 그런데도 해마다 이 나라로 이민을 가는 우리나라 사람들이 불어난다니, 그 이유는 무엇일까?

묘지만 해도 우리나라와는 사뭇 다르다. 우리나라에서는 사람이 죽으면 멀리 산에다 묻는다. 화장터나 장례식장마저도 혐오시설이라 하여 주택지 가까운 곳에 설치할 수가 없다. 더구나 묘지라면 더 말할 필요조차 없다. 그런데 그 나라에서는 동네마다 마을 가운데에 공동묘지가 있었다. 또 우리나라는 시신을 눕혀서 와식매장臥式埋葬을 하는데 비해 이 나라에서는 세워서 입식매장立式埋葬을 한다. 그만큼 묘지가 차지하는 면적이 좁아지기 마련이다. 이 나라의 공동묘지에는 조그만 돌비를 세우고, 그 묘지의 주인공이 평소 좋아하는 것이 책이면 책 모형을, 술이면 술병모형의 석물石物을 빚어 묘지 앞에 세운다. 이 나라 사람들은 공원나들이 하듯 날마다 그 묘지를 찾는다. 산 사람과 죽은 사람의 만남의 장소가 바로 묘지이다. 이 나라에서는 공동묘지가 혐오시설이 아니라 근린공원인 셈이다. 도시로 나가 살다 죽으면 고향선산을 찾는 사람들 때문에 우리나라의 농촌이 갈수록 공동묘지로 변하는 것을 생각하면 부러운 일이 아닐 수 없다.

우리나라에서는 이사를 가면 반드시 동사무소에 전입신고를 해야 한다. 그러나 그 나라에서는 사람이 아니라 애완동물의 전출전입신고를 하지 않으면 안 된다. 또 끼니때에 그 애완동물들에게 새로운 식사를 제공해야지 남은 밥을 주다가 이웃 사람이 신고라도 하게 되면 처벌을 받는다던가? 참 이상하고도 희한한 나라다.

예로부터 우리나라에서는 겨울이면 삼한사온三寒四溫이란 게 있는데 그 나라에는 삼청사우三淸四雨가 있었다. 사흘 추우면 나흘 따뜻한 우리나라와는 달리 그 나라에서는 사흘 날씨가 맑으면 나흘은 비가 내린다는 이야기다. 비가 자주 내려서 그런지 안개 또한 자주 우리의 시야를 방해하곤 했다. 안개 때문에 아름답다는 호수도 그냥 지나쳐야 했고, 전망이 빼어나다는 곳도 가이드의 설명에 귀를 기울일 수밖에 없어 아쉬웠다. 안개는 그 나라에서도 장난꾸러기이자 심술꾸러기였다. 비싼 여행비를 들여 그곳까지 찾아갔건만 안개는 우리의 입장을 전혀 배려해주지 않았다.

내가 찾아갔던 그 이상한 나라는 아오테아로아(Aotearoa) 즉 길고 흰 구름의 나라, 뉴질랜드다. 영국이나 일본과 크기가 비슷하다는 그 나라는 400만 인구가 4,000만 마리의 양떼를 기르는 양의 천국이었다. 푸르고 싱그러운 천연림天然林, 손바닥으로 물을 퍼마실 수 있는 깨끗한 강, 끝이 보이지 않을 정도로 넓고도 비옥한 목초지가 21세기 과학문명시대를 살던 우리를 잠시 원시시대의 자연 속으로 끌어들인 것 같은 느낌을 주었다. 역사가 짧은 그 나라는 공해 없는 자연을 무기로 세계인을 유혹하고 있었다. 공장 굴뚝 하나 없이 농업, 임업, 수산업과 관광업으로 국민소득 14,500달러를 이룬 나라가 바로 뉴질랜드다. 비록 국토가 남 섬과 북 섬으로 분리되어 있지만 우리나라처럼 남과 북이 총부리를 겨누고 있지 않아 부러웠다. 그래서 그런지 태풍이나 재해마저도 비껴가는 나라요, 뱀이나 맹수조차 없는 나라가 바로 뉴질랜드다. 아직도 스팀을 뿜어대는 북 섬의 화산, 백발처럼 산꼭대기를 뒤덮고 있는 만년설萬年雪, 따뜻하고 부드러운 황금색 해변 등은 세계인을 끌어들이기에 충분한 뉴질랜드의 관광자원들이다. 그 나라는 아름다운 자연만을 내세우는 게 아니다.

뉴질랜드는 세계최초로 여성에게 투표권을 준 나라요, 하루 8시간 노동제를 도입한 나라이며, 사회복지제도를 시행한 나라이다. 세계최초 3관왕이라고나 할까? 또 어네스트 루더포드(Ernest Rutherford)는 세계최초로 원자의 비밀을 발견했고, 에드먼드 힐러리(Edmend Hillary) 경은 안내인 텐징(Tensing)의 도움을 받아 세계최초로 에베레스트 산을 정복했으며, 피터 블레이크(Peter Blake) 경은 세계최초로 요트를 타고 세계일주에 성공했던 사람이다. 이들이 바로 뉴질랜드를 빛낸 자랑스러운 사람들이다. 뉴질랜드는 어쩌면 이 지구상에서 마지막으로 신이 남겨둔 무공해청정구역이 아닐까 싶다.

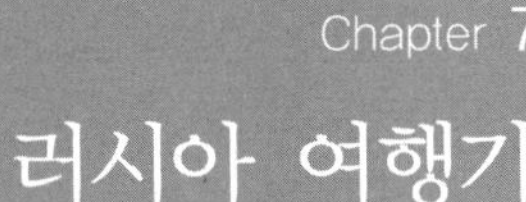

Chapter 7

러시아 여행기

하바롭스크

시베리아 횡단열차

블라디보스토크

하바롭스크

—러시아 여행기 ①

설레는 마음을 안고 러시아 여행길에 올랐다. 먼저 찾아갈 곳은 러시아 극동부에 있는 인구 60만 명의 도시, 하바롭스크. 미리 자료를 검색해 보니 동경 135도 4분 북위 48도 29분에 위치한 곳인데, 면적은 372평방미터로서 한국의 7.9배 크기였다.

10월 7일 오후 3시 5분, 강원도 양양국제공항에서 러시아여객기에 올라, 2시간 30분 만에 도착한 곳은 러시아의 하바롭스크. 이 하바롭스크에서 러시아의 수도 모스크바까지는 8천km로서 비행기로도 무려 7시간이나 날아가야 한다니, 이 하바롭스크는 얼마나 변방인가?

하바롭스크는 이미 가을이 짙게 물들고 있었다. 거리의 가로수나 정원수 그리고 나지막한 산의 나뭇잎들은 모두 짙은 갈색으로 물들어 있었다. 침엽수가 없어서 그런지 가을빛이 무척이나 고왔다. 설악산 단풍은 10여 일쯤 지나야 빨갛게 물들 것이라 했는데, 이 하바롭스크는 위도가 높아서 한 발 먼저 가을이 찾아온 모양이다.

양양국제공항을 이륙한 여객기에서는 러시아어로 기내방송을 할 뿐 영어나 한국어 방송은 없었다, 손님을 배려하지 않는 것 같아 섭섭했다. 하바롭스크공항에 도착해도 사정은 달라지지 않았다. 현수막이나 언어표기는 모두 러시아어뿐 영어나 다른 나라 말은 찾아볼 수 없었다. 나는 눈 뜬 봉사가 될 수밖에. 거리를 둘러 보아도 온통 러시아어간판뿐이고, 병원이나 약국은 눈에 띄지도 않았다.

하바롭스크는 러시아 극동지방의 최대도시라는데 관광객을 위한 서비스는 찾아보기 어려웠다. 17세기 중엽 러시아탐험가 E, P, 하바로프의 이름을 따서 도시의 이름을 지었다는 하바롭스크, 군사전초기지로 건설된 하바롭스크는 1905년 시베리아횡단철도 부설과 함께 급속히 발전한 도시다.

제조업이 번성하고 광물자원이 풍부한 이 도시는 항구로서 알래스카와 일본, 한국, 중국 등과 정기항로가 개설되어 있다. 또 이 하바롭스크에는 고대 원주민들의 생활용품을 전시한 향토박물관과 온갖 전투자료를 소장한 전쟁역사박물관이 있어서 관광객들에게 볼거리를 제공하고 있다. 이 향토박물관은 32만 8천 점의 소장품을 전시하고 있는데, 연평균 18만 명의 관광객들이 찾는다. 그 밖에도 의과대학과 교육대학 그리고 많은 고등연구소가 있어서 도시의 위상을 높여주고 있다.

소비에트정권도 제정러시아처럼 이 하바롭스크를 극동개발의 거점으로서 중요하게 여겼다. 2000년 불라디미르 푸틴 대통령이 러시아 전역을 7개 지구로 나누어 연방관리구제도를 도입했는데, 그때 이 하바롭스크에 극동연방관리구본부가 설치되었다. 이때부터 하바롭스크는 명실상부하게 러시아극동부의 수도가 되었던 것이다.

하바롭스크는 경관이 아름다운 관광도시다. 이곳에는 국립극동박물관과 극동미술관, 아무르강수족관, 아무르강철도역사박물관 등이 있다. 또 러시아 극동지방에서 가장 큰 성당인 하바롭스크 성모영면대성당이 있다.

하바롭스크를 돌아다니며 주차장에 세워진 승용차들을 보니 일제 도요타가 가장 많았고, 혼다와 니싼, 럭셔리가 눈에 띄었다. 어쩌다 기아차나 현대차가 눈에 띄면 서울에서 고향 친구를 만난 것처럼 반가웠다. 그런데 대형 버스의 경우 현대와 대우 등 한국산이 자주 눈에 띄어 반가웠다. 호텔 객실에서는 삼성 텔레비전을 만나 기분이 좋았고, 거리의 빌딩이나 아파트에서는 LG에어컨 환풍기가 자주 눈에 띄었다.

하바롭스크의 기온은 대륙성 기후로서, 여름엔 기온이 섭씨 18~32℃이고, 겨울엔 영하 18~32℃라고 한다. 겨울엔 영하 30℃를 밑도는 날이 잦다고 한다. 내가 하바롭스크를 찾았을 때는 우리나라의 기온과 비슷하여 어려움이 없었다.

레닌 동상은 하바롭스크의 중심지에 있었다. 그곳엔 청동으로 주조된 레닌동상이 세워져 있었다. 그 광장에는 비둘기들이 많았는데 관광객들이 늘 먹이를 주다보니 비둘기들이 사람들을 두려워하지 않았다. 내 손바닥 안의 먹이를 보고 여러 마리의 비둘기들이 달려와서 주워 먹으며 서로 더 먹으려고 싸우기도 했다. 풍요를 즐기는 비둘기들이었다. 이 레닌광장의 비둘기들은 다른 곳의 비둘기들보다 먹거리 걱정이 없어 행복해 보였다. 레닌 덕을 톡톡히 보는 비둘기들이었다.

하바롭스크 재래시장을 둘러보았다. 우리나라의 전통시장이나 다를 바 없었다. 농산물 값이 싸다고 했다. 함께 간 이준목 선생은 꿀을 한 병 샀고, 나는 모자를 하나 샀다. 이 시장에서는 러시아인들의 생활모습을 가까이서 볼 수 있었다. 소련이나 러시아라고 하면 독재자 스탈린이나 후르시쵸프 그리고 공산주의 종주국이란 선입견이 떠올라 으스스 하려니 예상했었다. 그런데 하바롭스크에서 두루 돌아다니며 살펴보니 경찰이나 무장한 군인이 보이지 않았다. 평화롭고 자유로운 분위기여서 놀랐다. 그러나 거리에서 만난 러시아인들의 얼굴엔 웃음기가 없고 화난 사람 같은 무거운 표정들이었다. 러시아는 우리나라처럼 220볼트 전기를 사용하고 있어서 더 가까운 느낌이 들었다. 그러나 아무리 둘러보아도 풍요로운 모습은 눈에 띄지 않았다.

아무르강유람선 투어는 그런대로 좋았다. 1시간 30분쯤 아무르강을 오르내리며 기다란 다리를 감상하고 강바람을 쐬니 기분이 상쾌했다. 유람선 실내 옆자리에는 전북 익산에서 왔다는 40대 젊은 부부가 어린 남매와 함께 앉아 있었다. 가족여행을 왔다는데 네 식구가 정겨운 대화를 나누는 게 아니라 저마다 스마트폰 삼매경에 빠져 있었다.

아무르강 강물은 한강 같은 남빛이 아니라 속이 보이지 않는 거무튀튀한 빛이었다.

오늘 저녁식사를 하고 나면 하바롭스크 역으로 가서 시베리아 횡단열차를 타고 블라디보스토크 역으로 달려가야 한다. 러시아의 기차여행은 어떨지 은근히 기대가 된다.

(2017. 10. 19.)

시베리아 횡단열차

—러시아 여행기 ②

오늘은 하바롭스크 역에서 시베리아 횡단열차를 타고 블라디보스토크 역까지 767km를 달려야 하는 날이다.

시베리아 횡단열차라고 하면 환상적인 꿈의 철길로 여겼다. 일찍이 네덜란드의 헤이그에서 열린 만국평화회의에 참석하러 고종황제의 밀지密旨를 갖고 한양을 떠났던 조선시대 이상설 · 이준 · 이위종 등이 바로 이 시베리아 횡단열차를 타고 유럽으로 달려갔던 철길이 아니던가?

그뿐이 아니다. 스탈린 시대에 연해주에 자리 잡고 살던 우리 동포들이 어느 날 갑자기 강제로 열차에 태워져 중앙아시아로 쫓겨갔던 그 철길이기도 하다. 이 시베리아 횡단철도는 우리 동포에게는 잊을 수 없는 애환이 서린 철길이다.

러시아의 땅 연해주에 어둠이 내리자, 저녁식사를 마친 우리는 시베리아 횡단열차에 올랐다. 내가 탄 열차의 객실은 4인실 1호 칸,

나는 1번 석, 이준목 선생은 2번 석, 김규천 선생은 3번 석, 유휘상 선생은 4번 석이었다. 1번과 3번은 1층 침대, 2번과 4번은 2층 침대가 배정되었다. 이들 룸메이트들은 피곤해서 그런지 열차에 타자마자 바로 잠에 빠졌다. 열차 바퀴소리는 살가운 자장가처럼 끊임없이 이어졌다. 잠이 깨어 커튼을 젖히고 창밖을 내다보니 우리가 탄 열차는 깜깜한 어둠을 뚫고 힘차게 달리고 있었다. 심심하여 스마트폰을 열어보니 데이터를 차단한 탓으로 새로운 소식이 들어오지 않았다. 영사관에서 보낸 해외여행 시 주의사항만 가득 담겨 있었다.

시베리아 횡단열차를 타고 가노라니 해외여행 때 타보았던 기차에 얽힌 추억이 떠올랐다. 내 나이 50대 후반, 서유럽 여행 때 영국에서 도버해협을 건너 프랑스로 왔던 유로패스가 생각났다. 바다 속 터널을 달린다 생각하니 아찔했었다. 내 나이 60대 때, 중국 하얼빈 역에서 야간열차를 타고 선양 역에서 새벽에 내리니 목이 칼칼했었다. 무심코 나는 역 광장에서 침을 뱉았다. 그 때 어디선가 중국의 중년 여인이 나타나 나에게 중국어로 씨부렁거렸다. 가이드가 달려와서 전해주기를, 침을 뱉었으니 벌금을 내야한다고 했다. 그때 일행 중 어느 교수는 담배꽁초를 버렸다가 나처럼 벌금을 물기도 했었다.

침대칸에서는 도중에 간식도 나누어 주었다. 미리 컵라면을 준비했지만 그곳에서 먹지 않아도 되었다. 기차표는 우리나라와 달랐다. 러시아 시베리아 횡단열차 표는 A4용지 크기의 갱지로 되어 있었다. 하바롭스크 역을 떠나 8시간쯤 지나 블라디보스토크 역에 도착했을 때엔 그 기차표를 거둬가지도 않았다.

우리는 블라디보스토크 역에 도착하여 '9,288km 시베리아 횡단 열차 기념비' 앞에서 단체로 기념사진을 찍었다. 역 광장에는 관광버스 두 대가 대기하고 있었다. 다행히 그 버스는 현대자동차 버스여서 더 반가웠다.

블라디보스토크 역은 1912년에 완공되었는데 교회처럼 아늑하게 지어진 멋진 건물이었다. 이 역은 1937년 한인들을 강제 이주시킨 역이자 독립운동가들이 이용했던 역이며, 시베리아 횡단철도의 시발역이자 종착역이다. 이 연해주 일대에서 활동하던 독립운동가들이 이 역을 이용했었는데, 1909년 안중근 의사는 이곳에서 하얼빈으로 떠났고, 하얼빈 역에서 일본의 총리대신을 지낸 이또 히로부미를 권총 세 발로 쓰러뜨리지 않았던가?

러시아혁명광장은 국가행사장으로 활용되는데 매주 금요일이면 이곳에서 정기 시장이 열리기도 한단다. 특히 이 광장은 1937년 고려인들을 이곳에 집합시켜 강제로 열차에 태워 중앙아시아로 이주시켰던 슬픔을 안고 있기도 하다.

러시아 잠수함 C-56 박물관을 찾았다. 이 초록색 잠수함은 제2차 세계대전 때 독일군함 10대를 침몰시킨 옛 소련의 태평양함대 소속이었다고 한다. 그렇게 혁혁한 전공을 세운 이 잠수함은 1975년 제2차 세계대전 승전 30주년기념일부터 박물관이 되어 관광객들에게 개방되고 있다. 그 잠수함 안으로 들어가 보니 어뢰, 조타실, 잠망경 등 다양한 기기와 무기들이 설치되어 있었다. 실내 공간이 워낙 좁아서 움직이는데 어려움이 많았다. 이 조그만 잠수함으로 어떻게 독일

잠수함 10대를 침몰시킬 수 있었을까 믿어지지 않았다. 잠수함 옆 광장에는 참전용사들의 이름을 양각으로 새긴 승전탑이 세워져 있었다. 또 그 잠수함 곁에는 전쟁에서 희생된 무명용사들의 영혼을 기리는 불꽃이 밤낮없이 활활 타오르고 있었다. 그 옆에는 불라디보스토크 개선문이 있었는데, 러시아 마지막 황제 니콜라이 2세를 기념하고자 세운 것이다. 넓은 도로에 세워진 프랑스의 개선문에 비기면 이곳의 니콜라이개선문은 좁은 오르막길에 세워진 초라한 모습이었다.

불라디보스토크에서 나는 뜻밖에도 영화배우 율브린너를 만났다. '왕과 나'의 주연배우였던 율부린너의 고향이 불라디보스토크인 줄 예전엔 미처 몰랐다. 율브린너는 1957년 아카데미 남우주연상을 받아 세계적인 스타로 떠오른 배우가 아니던가? 연해주 주청사 뒤쪽 오른쪽 오르막길에 그의 생가가 있고, 그 생가 앞에 그의 당당한 모습의 기념상紀念像이 세워져 있었다. 율부린너는 우리에게 멀리서 찾아와 주어서 고맙다고 감사인사를 하는 것 같았다.

서둘러 불라디보스토크 전망대를 찾아갔다. 191m의 야트막한 산이지만 시내를 한 눈에 굽어볼 수 있었다. 구름이 끼어서 아쉬웠지만, 금각만과 아무르만 그리고 주변의 멋진 섬들을 볼 수 있었다. 1907년부터 1996년까지는 이곳에서 정오를 알리는 공포가 발사되었다는데 지금은 옛이야기가 되었다. 독수리언덕이라고도 불리는 이 언덕에는 십자가를 든 두 사람의 동상이 서 있었는데, 이들은 그리스 태생으로 선교사이자 언어학자인 키릴과 메소디우스 형제다. 두 형제는 슬라브민족에게 기독교를 전파하는데 큰 역할을 했고, 러시아어 알파벳인 키릴문자를 만든 장본인이라 한다.

불라디보스토크에도 서서히 어둠이 내리고 있었다. 호텔로 가는 길은 퇴근시간이어서 우리나라나 마찬가지로 몹시 붐볐다.

(2017. 10. 20.)

불라디보스토크

— 러시아 여행기 ③

러시아가 자랑하는 부동항不凍港, 불라디보스토크. 항일독립운동의 발자취를 찾아볼 수 있는 곳, 블라디보스토크. 러시아의 이 불라디보스토크는 유난히 나의 관심을 끄는 도시였다.

불라디보스토크가 지금은 러시아 땅이지만, 그 전에는 청나라 땅이었고, 그 이전엔 발해의 영토였다. 청나라와의 협상에서 이 불라디보스토크를 러시아의 영토로 물려받은 러시아의 협상 주역 아무르를 이곳 불라디보스토크에서는 레닌 못지않은 영웅으로 우러르고 있었다.

러시아와 중국 사이의 강 이름도 중국에서는 '흑룡강黑龍江'이라 하지만, 러시아에서는 그의 이름을 따서 '아무르강'이라고 부른다.

1868년쯤부터 우리나라 사람들이 집단으로 이곳으로 이주하기 시작했는데, 1874년에 최초의 한인마을이 형성되면서 그들이 사는 곳을 '개척리開拓里'라 불렀다. 일제강점기 때는 항일독립운동가들이 모여들어 독립운동의 러시아전진기지가 되었다. 그런데 당시 유행하던 콜레라를 핑계로 러시아정부는 그곳에서 4km가량 떨어진 한적한 곳에 새로운 거주지를 만들어 이주시켰는데, 그게 바로 '신한촌新韓村'이다. 이 신한촌은 스탈린이 1937년 이 일대에 살던 우리 동포, 고려인들을 중앙아시아로 강제 이주시키면서 흩어지게 되었다.

1999년 한민족연구소는 모금운동을 벌여 이곳에 '신한촌기념비'를 세웠다. 이 기념비는 세 개의 큰 기둥과 8개의 작은 돌로 이루어졌다. 그 기념비에는 '민족의 최고 가치는 자주와 독립이며, 이를 수호하기 위한 투쟁은 민족정신'이라는 문구가 새겨져 있다. 이 기념비를 자발적으로 관리하는 동포에게 우리는 십시일반으로 성금을 거두어 건네주었다.

고려인문화센터에도 들렀다. 러시아한인이주 140주년기념관이라고도 하는 이 고려인문화센터는 러시아정부의 승인을 받은 뒤 한국정부의 재정지원으로 마련한 대지 1헥타 건평 3,000평 규모의 2층 건물이었다. 이 건물 안에는 고려인민족문화자치회, 아리랑가무단, 한글 및 컴퓨터교육시설, 동북아평화연대 등이 활동하고 있으며, 고려인역사박물관과 의료시설, 등이 들어있어서 연해주 고려인의 친목을 도모하는 활동공간으로 널리 활용되고 있었다. 해마다 명절이면 이곳에서 문화한마당축제를 열어 우리의 정체성을 되살리는 등 전통문화를 알리고 있단다. 그곳에서 만난 83세의 어떤 할머니는 할아버지의 고향인 충청북도 음성과 서울에도 다녀왔다며 자랑했다. 그래도 한국말을 잊지 않고 대화를 나눌 수 있어서 다행이었다.

연해주의 대표적 독립운동가 최재형 선생 생가를 찾았다. 아홉 살 때 아버지를 따라 함경도에서 연해주로 이주한 최재형 선생은 군대 물자 납품과 부동산업으로 많은 돈을 벌어 독립운동과 국민계몽운동에 도움을 준 인물이다. 1906년에는 의병을 조직하여 독립운동에 적극 가담했으며, 대동공보 사장, 권업회 회장, 노령한인이주50주년 기념사업회 회장 등을 지내며 한인사회를 이끈 지도자였다. 그러나 불행히도 최재형 선생은 1920년 4월 일본군에 붙잡혀 재판 절차도 거치지 않고 총살되었다고 한다. 나라 잃은 겨레의 비극이 아닐 수 없다. 2017년 10월, 우리가 찾아갔을 때는 최재형 선생의 생가 복원 공사가 한창 진행 중이었다.

이상설 선생의 유허비는 수이푼 강변에 있었다. 1905년 을사늑약 이후 만주 용정에 민족학교인 서전서숙을 세웠고, 헤이그 만국평화회의에 정사로 파견되었던 이상설 선생은 이곳 블라디보스토크에서 독립운동단체인 권업회, 성명회, 13도의군 등에서 지도자로 활동하다가 병상에 눕게 되었다. 그래서 우수리스크로 옮겨 요양을 하다가 1917년 48세 젊은 나이에 세상을 떴다. 그는 죽거든 화장을 하여 유골을 수이푼 강에 뿌리고 조국 독립이 오기 전에는 제사를 지내지 말라는 유언을 남겼다고 한다.

수이푼 강변에 세워진 이상설 유허비는 쓸쓸히 가을을 맞고 있었다. 이따금 한국 관광객들이 찾아와 하얀 국화꽃 한 송이씩을 바치고 묵념을 올린다고 한다.

러시아에 사는 우리 동포들은 성姓은 조상으로부터 물려받아 그대로 사용하지만, 이름은 모두 러시아식으로 바뀌었다. 보리스 박, 빅토르 최가 바로 오늘날 러시아 동포들의 성과 이름이다.

러시아동포들은 거의 우리말과 우리글을 모른다. 스탈린의 소수민족동화정책에 따라 러시아에 동화되어 버린 까닭이다. 그러기에 러시아에서는 한글신문과 한글잡지, 우리말 방송이 사라지고 말았다. 스탈린의 소수민족동화정책은 러시아 입장에서 보면 성공한 셈이다.

러시아인들은 우리 동포들을 '고려인(까레스키)'이라고 부르는데, 중국에서는 '조선족'이라 부른다. 그렇다고 러시아에 사는 동포들이 고려 때 러시아로 이주하고, 중국에 사는 동포들이 조선시대에 중국으로 이주한 것은 아니다. 중국인들이 우리 동포를 '조선족'이라고 부르는 것은, 모택동이 소수민족보호정책을 폈기 때문이다. 그래서 조선족들은 중국에 살면서도 조선인으로서의 언어와 풍습을 그대로 보존한 채 살고 있다. 우리말과 우리글을 그대로 사용하기에 우리말 신문과 잡지 그리고 우리말 방송까지 그대로 유지하게 된 것이다.

또 중국의 조선족학교에서는 우리말과 우리글을 가르친다. 그러니 조선족과 우리는 소통이 잘 될 수밖에 없다. 그러나 우리와 러시아동포 사이에는 통역이 있어야 의사소통이 가능하다. 핏줄은 같아도 대화가 되지 않기 때문이다. 얼마나 안타까운 일인가?

루스키섬은 2012년 APEC정상회담이 열렸던 곳이다. 옛날에는 군사기지로 사용했던 이곳까지 길이 1,104m, 높이 324m의 다리를 놓았다. 정상회담을 개최하면서 사용한 건물들이 지금은 극동연방대학교의 강의실과 기숙사 등 캠퍼스로 활용되고 있다. 학생 수가 무려

4만 명이나 된다는 이 대학교에는 학생증이 없으면 들어갈 수 없다. 남한과 북한의 유학생들이 이 대학에서 함께 머리를 맞대고 공부를 한다는데 만나볼 수 없어 아쉬웠다.

연해주에서는 한국인 관광객들이 많이 눈에 띄었다. 그런데 북한에서 온 관광객들은 한 사람도 만날 수 없었다. 가이드에게 물어보니 남한 사람은 관광객으로 오지만 북한사람들은 노동자로 와서 공사장에서 일을 하고 외화벌이를 한다는 것이다. 관광버스를 타고 다니며 빌딩 공사장이 보일 때마다 저기에도 북한 노동자들이 있을까 궁금증이 들었다.

연해주만을 둘러보고 러시아를 이야기한다는 것은 코끼리 비스킷일 뿐이다. 러시아의 수도 모스크바를 비롯하여 러시아가 배출한 이름난 문인과 음악가들의 유적을 살펴보아야겠다는 생각이 들었다.

(2017. 10. 26.)

Chapter 8

우즈베키스탄 여행기

우즈베키스탄

타쉬켄트에서 만난 사람들

하늘 비빔밥

우즈베키스탄

—우즈베키스탄 여행기 ①

우즈베키스탄은 애연가의 천국이었다. 공항이나 호텔, 식당 어디에서든 눈치 볼 필요 없이 멋대로 담배를 피울 수 있어 좋았다. 그동안 선진국이라는 여러 나라를 여행하면서 당했던 애연가로서의 불편이나, 내 나라 내 땅에서 겪었던 온갖 핍박을 훌훌 털어 버릴 수 있는 나라가 우즈베키스탄이었다.

수도 타쉬켄트를 비롯하여 제2의 도시 사마르칸트, 부하라 등 여러 도시를 돌면서도 애연가로서의 불편은 전혀 겪지 않았다. 심지어는 사원이나 대학 캠퍼스를 들러보면서도 끽연은 자유로웠다. 거리에서 담배 가게는 한 군데도 찾아볼 수 없었지만 길거리의 좌판에서 담배를 낱개로 팔고 있는 모습이 자주 눈에 띄어 이채로웠다. 그곳에서는 우리나라에서 수입해간 담배 'PINE'이 대단한 인기였다. 또 그 나라의 국민들은 남녀노소 가리지 않고 담배를 즐겨 피울 정도로 담배를 사랑하는 국민들이었다.

우즈베키스탄은 4무四無의 나라였다. 바람이 없고, 폐차장이 없으며, 당구장이 없고, 오토바이가 없었다. 우즈베키스탄은 숲이 무성한 나라였다. 그러나 바람이 없기 때문에 나무는 춤을 출 줄 몰랐다. 한 아름이 넘는 가로수나 정원수들도 바람이 불어주지 않아서 언제나 부동자세로 서 있었다. 단체기합을 받는 것일까? 폭우나 폭설, 폭풍을 만나야 가지가 찢기고 잎새가 떨어지는 아픔을 겪고 나무도 튼튼한 자생력을 갖게 될 텐데 온실 안에서 자란 것처럼 그렇게 자라는 게 그 나라의 나무다. 땅바닥에서부터 1m 정도의 높이로 기둥에 흰색 약을 바른 채 서있었다. 벌레가 기어오르지 못하도록 하기 위해서라고 했다. 그래서 그런지 나뭇잎은 무성했다. 햇살도 무성한 나뭇잎을 뚫지 못했다. 섭씨 40도가 넘는 기온이지만 습도가 없기 때문에 땀이 나지 않았다. 우즈베키스탄의 가로수를 보니 흰 스타킹을 신은 여고생들이 줄지어 서서 사열을 받는 모습이 연상되었다.

건물마다 창문이 작았다. 바람이 없으니 창문을 크게 낼 필요가 없었던 모양이다. 오히려 겨울의 혹한을 이기려면 창문은 작을수록 좋을지 모른다. 우즈베키스탄에도 자동차들이 거리를 누비고 있었지만, 그 나라에 러시아워는 없었다. 대우자동차의 티코가 많이 눈에 띄었고 그 티코가 택시로 사용되기도 했었다. 또 르망이나 프린스도 자주 볼 수 있었다. 사마르칸트에서는 대우자동차의 12인 승 다마스가 시내버스로 활용되고 있었다. 그밖에도 현대나 쌍룡차도 보였다. 내가 한국 사람이란 자긍심이 느껴졌다. 우즈베키스탄 사람들은 자동차를 한 번 사면 보통 20년 이상 탄다고 한다. 새로 차를 사면

헌차는 집 앞에 세워둔 채 폐차를 하지만 중고차를 팔 때 폐차를 끼워 판다고 했다. 폐차장이 없기 때문이다. 헌차를 운행하다 고장이 나면 폐차의 부속품으로 수리를 할 수 있다는 것이다. 타쉬켄트에는 대우자동차 공장과 대우은행이 있었다. 대우 그룹은 무너졌어도 대우가 뿌린 씨앗은 아직도 그곳에서 자라고 있어 흐뭇했다.

우즈베키스탄에는 당구장이 한 군데도 없단다. 총리의 아들이 당구장에서 테러를 당한 일이 문제가 되자 대통령이 당구장을 아예 없애버리라고 명령을 내려서 당구장이 일시에 서리를 맞았다는 이야기다. 큰돈을 들여 당구장 사업을 시작했다가 빈손으로 우즈베키스탄을 떠나야 했던 우리나라 사람도 있었단다. 대통령 한 마디면 있는 것도 없앨 수 있고 없는 것도 만들 수 있는 나라가 바로 우즈베키스탄인 듯했다.

우즈베키스탄에는 오토바이가 없었다. 우리나라 남북한 면적의 4.5 배나 되는 광활한 나라, 남북한 인구의 1/3인 2,500만 인구가 사는 우즈베키스탄에 기동력이 좋은 오토바이가 없다는 것은 이상한 일이었다. 가스나 기름이 많이 생산되는 나라이니 만큼 자동차를 활용하라는 의미일까?

우즈베키스탄은 치안유지가 잘 되는 나라였다. 경찰이 거리거리 골목골목에 즐비하게 배치되어 있었다. 그러니 불량배가 활개를 칠 수도 없지만 그 나라 국민들이 원래 순박하기 때문이 아닐까 싶었다. 우즈베키스탄에서는 불량배보다는 오히려 경찰을 조심하라는 우스개이야기가 있었다.

우즈베키스탄에서 가장 인기 직종은 교통경찰관이라고 했다. 높은 수익이 보장되기 때문이란다. 대학 교수가 가장 푸대접받는 나라가 바로 우즈베키스탄이라고 했다. 대학교수 70퍼센트 정도가 학생들로부터 공공연히 돈을 받고 학점을 올려준다는 것이다. 그것도 모자라서 교수들이 아르바이트를 하고 있으며, 아르바이트가 잘되어 높은 소득을 올리면 아예 미련 없이 교수직 사표를 낸다고 한다.

울산에서 대학을 졸업하고 타쉬켄트 어느 국립대학원에서 관광학을 전공한다는 가이드 김상기 군의 이야기이니 믿지 않을 수도 없다. 국회의원도 되고 장관도 될 수 있는 우리나라는 대학교수들의 천국이거늘…. 어떤 의사부부는 더 높은 수입을 올리기 위하여 남편은 운전기사로, 아내는 가정부로 일한다고 했다. 그것이 우즈베키스탄의 실상이다.

우즈베키스탄에는 고유문자가 없다. 외국 침공을 자주 당한 탓으로 이슬람 문화와 러시아 문화가 뒤섞여 있는 나라가 우즈베키스탄이었다. 그래서 그런지 저항보다는 순응하는 국민성을 갖게 된 듯하다. 일제 때 목숨과 가정을 버리고 독립운동을 한 우리 조상과는 너무 달랐다. 침략군에게 순응하는 게 그 나라 사람인 듯싶었다. 그래서 그런지 인종차별이나 편견 없이 잘 어울려 사는 나라가 바로 우즈베키스탄이기도 하다.

호텔이나 거리에서 마주치는 글자를 도무지 읽을 수가 없었다. 러시아 문자로 표기되어 있기 때문이다. 사마르칸트 쪽으로 가면 아랍어 표기가 자주 눈에 띄었다. 180가지 종족으로 구성된 나라가 그 모양이다. 외국 관광객들을 맞이할 준비가 전혀 되어있지 않았다. 영어로라도 표기를 해두었더라면 불편은 훨씬 줄었을 텐데…. 2005년부터는 우즈베크 말을 알파벳으로 표기하여 공용어로 활용하리라 하니, 그 때쯤이면 내용은 몰라도 글자를 읽을 수는 있을지 모를 일이다.

호텔 직원이 W.C란 말도 알아듣지 못하는 나라, 호텔 로비에 외국 주요도시의 시각을 알려주는 벽시계 하나도 비치하지 않는 나라, 호텔 욕실에 치약 칫솔은커녕 머리빗이나 로션 하나도 갖추지 않은 나라, 객실에 쓰레기통 하나 없는 나라, 그게 우즈베키스탄의 현실이다. 그러나 가스, 기름 등 지하자원이 풍부한 나라이기 때문에 저력은 있는 나라다. 얼마나 미래지향적인 지도자가 집권을 하느냐에 따라 우즈베키스탄의 운명은 달라지리라.

우즈베키스탄 여행 5박6일 동안 비 한 방울 구경할 수 없었다. 여름엔 비가 내리지 않기 때문이다. 낮에 본 하늘은 구름 한 점 없는 파란 색이었고, 밤하늘엔 별이 초롱초롱했다.

타쉬켄트에서 만난 사람들

—우즈베키스탄 여행기 ②

우즈베키스탄의 수도 타쉬켄트는 예로부터 동양과 서양을 잇는 유라시아 횡단 길 실크로드의 중심지였다. 모래바람을 뚫고 사막을 건너온 대상隊商들은 이곳에서 여독을 풀며 중국의 비단, 서역의 향료 등 각종 문물을 거래했다. 동양과 서양문화가 만난 곳이 바로 여기였다.

중앙아시아의 수도라 불리는 오아시스의 도시 타쉬켄트는 인구 213만의 유서 깊은 도시다. 원래 이 타쉬켄트라는 명칭은 투르크어로 '돌(타쉬)의 나라(켄트)'에서 유래한다고 했다. 그래서 중국의 옛 문헌에는 석국石國으로 기록되어 있다.

1966년 4월 26일 대지진으로 이 도시의 70% 정도가 파괴되었으나 당시 소련이 각지로부터 3만 명 이상의 건축기술자를 불러들여 2~3년 만에 완전히 새로운 도시로 탈바꿈시켰다고 한다. 타쉬켄트에서 모스크바, 레닌그라드, 우크라이나, 에스토니아, 바이엘로러시아,

카자흐공화국 등의 특색을 지닌 건물들을 모두 볼 수 있는 것도 그 때문이란다.

해발 480의 고도에 위치한 이 도시는 사막형 대륙성 기후로서 내가 찾았던 8월에는 섭씨 영상 40~46도에 이르렀지만, 여름엔 비가 내리지 않아 습도가 낮은 까닭에 견딜 만했다. 밤과 낮의 일교차가 심한 게 특색이었다.

도시의 빌딩이며 아파트 등 건축물은 세련되기보다는 투박하고 튼튼해 보였다. 거리에서 만난 시민들도 멋보다는 실용적인 차림들이었다. 도로는 넓게 잘 포장되어 있었으나 차선은 제대로 도색이 되지 않았다. 페인트를 수입해야 하기 때문에 그렇다는 것이었다.

우즈베키스탄이란 나라는 참 생소한 나라였다. 지구의 어느 쪽에 붙어있는지도 모르고 비행기에 올랐었다. 옛 소련 땅이니 모스크바 가까운 곳에 있으려니 짐작만 했었다. 7시간 30분 만에 내린 곳이 수도 타쉬켄트. 알고 보니 우즈베키스탄은 남쪽으로 아프카니스탄과 접경을 이루고 있었다.

아프카니스탄! 미군이 눈 깜짝할 사이에 초토화시켜버린 나라가 아니던가? 우리는 그때 텔레비전이나 신문의 뉴스에서 아프카니스탄이 폐허가 되도록 폭탄을 쏟아 붓던 장면을 얼마나 가슴 졸이며 보았던가?

타쉬켄트공항에서 우리말을 할 줄 아는 사람을 처음 만난 것은 현지여행사 하보투어 김이골 사장이었다. 서른 살의 김 사장은 타쉬켄트 동방대학교 한국어과 1회 졸업생인데 대우자동차 산업연수생 통역으로 우리나라에 와서 3년 동안 일하고 돈을 벌어서 여행사를 차려 운영하고 있다. 우리말도 잘하고 인상도 좋은 젊은 고려인 3세였다. 또 울산에서 대학을 졸업하고 유학 온 지 2년 반쯤 되었다는 김성기 군은 인상도 좋고 언변도 뛰어났다. 억센 경상도 사투리를 사용하지 않아 제대로 설명을 알아들을 수 있어 좋았다. 그 가이드는 타쉬켄트, 사마르칸트, 부하라 등 3개시를 돌면서 가이드를 해주었는데 아주 능수능란했다. 가이드를 하기 위해 공부를 많이 했겠구나 싶었다.

타쉬켄트 공항에서 뜻밖에도 전주 출신 김현조 시인을 만났다. 우리 일행을 환영하러 나온 것이다. 김 시인은 우리나라와 우즈베키스탄을 오가며 무역도 하고 문화사절 역할도 한다는 이야기였다. 김 시인은 자녀들과 조카들까지 그곳으로 유학을 시켜 러시아어, 중국어, 영어, 우즈베키스탄어 등 외국어를 대학교수들에게 배우도록 하고 있다고 했다. 우리 돈 100만 원이면 가정부와 운전기사까지 고용하고 살아갈 수 있다면서 자랑했다. 최소의 비용으로 최대의 효과를 기대하며 2세를 교육시키고 있었다.

사마르칸트에서는 대구 영남대생이라는 여학생 5명을 만났다. 그녀들은 21일 동안 배낭여행을 한다고 했다. 여행사에 의존하지 않고 지도 한 장 달랑 들고 지구촌을 돌고 있었다. 여행을 하다가 영어가 통하는 사람을 만나면 저녁 식사와 잠자리까지 해결한다고 했다. 그녀들의 두둑한 뱃장이 나를 놀라게 했다. 내가 우물 안 개구리처럼 살 때 우리나라의 젊은이들은 이처럼 세계를 무대로 약진하고 있었던 것이다.

타쉬켄트에서 사마르칸트로 가는 도중 카자흐스탄 젊은이 무라트 군(29)이 버스에 올랐다. 능숙한 한국말로 인사를 했다. 여행사에 취직을 하여 가이드 현장실습을 하는 모양이었다. 그 젊은이도 경기도 안산의 어느 공장에서 2년 동안 일을 했고, 돈을 모아 아파트도 샀단다. 자기 모국에서 가장 큰 은행에 다니는 아가씨를 만나 결혼을 했고, 아들까지 낳았노라고 자랑했다. 한국에 있을 때 직원들이 참 친절하게 잘 대해주어 고마웠다면서 기회가 오면 또 한국에 가서 일하고 싶다고 했다.

신학대학에서 야간 조명 쇼를 관람하고 나오니 어떤 가무잡잡한 우즈베키스탄 아주머니가 한국말로 인사를 하는 것이었다. 너무 반가웠다. 청주에서 4년 동안 내외가 함께 일하면서 한국말을 배웠단다. 데리고 나온 아들과 딸에게 인사를 하라고 했다. 청주에서 만났던 한국 사람들을 잊을 수 없다며 웃었다. 그 부인도 역시 한국에서 번 돈으로 넉넉하게 잘 산다는 것이었다. 카자흐스탄 젊은이나 이 아주머니는 무척 한국인을 사랑하고 한국을 자랑스러워했다. 저절로 친한인사親韓人士가 되었다. 우리나라에 와서 일하는 가난한 나라 노동자들이 자기 나라로 돌아가서 이들처럼 친한인사가 되도록 잘 대해주면 좋겠다 싶었다. 그것이 바로 미래를 내다보는 민간외교라는 생각이 들었다.

타쉬켄트의 전통시장인 바자르에 두 번 간 적이 있었다. 그 시장에는 생선은 멸치 한 마리도 구경할 수 없었다. 우즈베키스탄이 내륙이기에 그런 모양이었다. 시장은 온통 농산물 천지였다. 빳빳한 빵 종류, 음료수, 양고기 외에는 모두가 농산물뿐이었다. 수박과 멜론은 크고 당도가 높아 맛이 좋았다. 지나가는 우리에게 멜론을 잘라서 맛을 보라고 건네줄 정도로 인정이 많았다. 그밖에도 자두, 복숭아, 사과, 배, 포도, 말린 살구 등을 수북수북 쌓아두고 팔았다. 그 많은 과일들을 누가 다 사갈지 자못 걱정이었다.

꿀이나 버섯, 참깨, 콩, 땅콩, 호도 등도 값이 아주 쌌다. 그러나 포장술이 모자라 비행기에 싣고 올 수 없어 아쉬웠다. 이 나라에서는 농약을 사용하지 않기 때문에 과일을 껍질까지 먹어도 탈이 없다. 농약은 수입품이기 때문에 값이 비싸서 사용하지 못한다는 것이었다. 시장 사람들이 카메라를 보더니 서로 사진을 찍어달라며 포즈를 취했다. 사진을 찍어주긴 했지만 그 사진을 보내줄 수 없어 안타깝다.

김병화 농장을 찾았다. 김병화 선생은 소련에서 금별 훈장을 두 개나 받은 영웅이었는데 1974년 그가 세상을 뜬 다음 이 집단농장의 명칭을 김병화 농장이라고 부르게 되었다고 한다. 김병화 전시관에 들르니 동상 앞에 서있는 김영삼 전 대통령일행의 사진이 전시되어 눈길을 끌었다.

이 농장은 3,127ha의 면적에 1,924가구가 살고 있으며, 인구는 7,828명이라고 했다. 그러나 이곳 역시 독립 이후 젊은이들은 모두 도시로 직장을 찾아 떠나고 노인들만 지키고 있어서 우리와 처지가 다를 바 없었다. 그 농장에서 사는 고려인 2세 양용혁(72)할아버지와 나릿사 박 할머니 내외가 사는 집을 찾았다. 마당 가운데 큰 호두나무가 있었다. 큰아들 출산 기념으로 심은 나무가 어느덧 거목이 되었다. 전직 수학선생인 할머니와 수의사인 할아버지는 연애결혼을 했고, 슬하에 7남매를 두었지만 지금은 내외만 살고있다.

호두나무 그늘 아래서 수박과 멜론을 먹으며 듣는 양 할아버지의 입담은 구수했다. 1910년 한일합방 후 양할아버지의 아버지가 부라지보스톡으로 이주해서 살았는데 1947년 중일전쟁이 터지자 스탈린이 어느 날 갑자기 고려인 18만 명을 화물열차에 태워 중앙아시아로 강제 이주시켰단다. 6,000km 장거리 열차여행을 하는 도중 굶주리고 병든 노약자들 중 10,000여 명이 죽었다고 했다.

고려인들이 도착한 곳은 깔밭(갈대밭)이었단다. 이 깔밭을 농토로 개척하면서 많은 사람들이 말라리아에 걸려 약 한 첩 써보지 못하고 죽어갔더란다. 흙벽돌로 집을 짓고 갈대로 지붕을 이어 보금자리를 만들었다고 했다. 얼마나 피눈물을 흘렸을 것인가? 생각만 해도 가슴이 쓰라렸다. 그러나 이주한 고려인들은 합심하여 최초로 구락부를 조직, 집단농장을 만들어 오늘에 이르렀다고 들려주었다.

양 할아버지가 거처하는 방에 들어가 보았다. 형편이 넉넉해 보였다. 봉창은 모두 햇볕을 차단하기 위해 커튼을 쳐놓았다. 생각보다는 시원했다. 뒤란으로 나가보았다. 널따란 채마밭에는 배추, 상추, 들깨, 고추, 호박, 가지, 옥수수 등 토종 채소가 무성하게 자라고 있었고, 아주까리와 접시꽃, 봉숭아꽃, 맨드라미 등이 심어져 있었다. 한쪽 구석에는 재래식 판잣집 측간이 손님을 맞이하고 있었다. 가난하게 살았던 우리의 5,60년대 보릿고개 시절이 떠올랐다.

내가 타쉬켄트에서 만난 사람들은 꿈과 희망을 안고 살고 있었다. 꿈은 이루어진다고 했던가? 그들의 꿈이 꼭 이루어지기를 간절히 기원한다.

(2003. 8. 22.)

하늘 비빔밥

—우즈베키스탄 여행기 ③

만 피트 상공에서 먹는 하늘 비빔밥은 천하일미天下一味였다. 우즈베키스탄의 수도 타쉬켄트(Tashkent)를 향하여 인천국제공항을 이륙한 아시아나 항공은 빼곡히 들어앉은 승객과 무거운 짐을 싣고 시속 761km로 날아가고 있었다. 7시간 30분이 걸리는 긴 여정. 손바닥만 한 창문으로 내다보이는 창 밖은 온통 하얀 뭉게구름이 깔린 운해雲海…. 금방 솜틀에서 뽑아낸 솜을 펼쳐놓은 듯 편안해 보였다.

갑자기 되살아난 고향생각. 막내 고모 시집갈 때 두툼한 솜이불을 만들려고 안방에 펼쳐놓았던 그 솜덩이가 떠올랐다. 할머니와 어머니가 솜이불을 만드시던 그 정경이 아련히 되새겨졌다. 맨손으로 그 운해에 뛰어내려도 상처 하나 입지 않을 것 같은 정경….

멋진 제복 차림의 스튜어디스들이 통로를 오가며 승객들의 시중을 들고 있었다. 냉수, 차, 와인 등 무엇이든지 주문만 하면 바로바로 대령했다. 얼마의 시간이 흐른 뒤 기내식 주문을 받았다. 메뉴 중에 비빔밥이 있기에 그것을 주문했다.

하늘에서 먹는 비빔밥은 지상의 비빔밥과 어떻게 다를까 궁금했었다. 대접에는 비빔밥에 필요한 갖가지 채소와 나물이 담겨져 있었고, 밥은 따로 나왔다. 대접에 밥을 넣고 비볐다. 치약처럼 튜브에 든 고추장을 짜내서 섞고, 조그만 팩에 담긴 참기름을 넣었다. 싹싹 비벼서 비빔밥 한 숟갈을 입에 넣고 씹어보았다. 내가 평소 즐겨 먹었던 전주비빔밥, 바로 그 맛이었다. 지상에서 먹었던 비빔밥맛보다 오히려 하늘에서 먹는 비빔밥맛이 더 좋았다. 분위기 탓인지도 모른다.

하늘에서 비빔밥을 먹다니, 마치 신선이 된 기분이었다. 아니, 신선도 이런 경험은 하지 못했을 것이다. 신선이 오히려 나를 부러워하지 않을까 싶었다.

나는 비빔밥의 고장이라는 전주에서 살고 있다. 때때로 경향 각지에서 나를 찾아오는 손님에게 전주비빔밥을 대접하는 게 나의 일상사가 되었다. 전주 친지들과도 곧잘 비빔밥을 먹는다. 비빔밥은 나와 가장 가까운 먹을거리다.

나는 어려서부터 비빔밥을 좋아했다. 옛날 외가에 가면 제사를 지낸 뒤 깊은 밤에 밥을 비벼서 제사에 참석한 일가친척들이 함께 나눠 먹곤 했었다. 지금도 그 맛이 잊히지 않는다. 평소 집에서도 식탁을 둘러보아 채소나 나물이 많으면 양푼을 가져다 비벼먹기를 즐긴다. 아침이나 저녁 가리지도 않는다. 심지어는 백반 집에 가서도 스스로 비빔밥 만들어먹기를 좋아한다.

좌우를 둘러보니 비행기 옆자리에 앉은 일행들도 비빔밥을 먹고 있었다. 밥 한 톨 남기지 않고 깨끗이 그릇을 비웠다. 얼굴이 가무잡잡한 외국인들도 비빔밥 삼매경에 빠져있기는 마찬가지였다. 여벌로 준 빵 한 개는 그대로 물렸다. 비빔밥이 빵을 물리친 셈이랄까?

전주비빔밥이 기내식으로 제공되고, 외국으로 수출된다는 뉴스를 텔레비전에서 본 적은 있었다. 그러나 지난해 중국에 갈 때는 비행시간이 짧아서 그런지 맛을 볼 기회가 없었고, 오래 전 미국이나 유럽에 갈 때는 아예 비빔밥이 기내식으로 선정되지 않았기 때문에 구경도 못했었다. 그러니 나로서는 이번이 첫 경험이다. 첫 경험은 언제나 신선한 충격으로 다가오기 마련이다. 첫 사랑도 그렇고, 아내와의 첫날밤도 오래 기억되기는 다를 바 없다.

여객기는 식사도 거른 채 쉬지 않고 서쪽으로 날고 있었다. 고속버스라면 2시간마다 휴게소에서 쉬어 갈 수 있으련만 하늘에는 비행기가 쉴 휴게소가 없다.

포만감에 젖어 눈을 감고 잠을 청했다. 커피를 마셔서 그런지 눈을 감고 있어도 잠이 오지 않았다. 생각은 다시 비빔밥으로 모아졌다.

비빔밥을 창안한 조상들의 슬기에 경의를 표하고 싶었다. 비빔밥을 먹을 때마다 생각한 일이다. 지금은 음식찌꺼기 때문에 골머리를 앓고 있는데 비빔밥이야말로 그 해결책이 아닐까 하는 생각이 들었다. 식은 밥에 남은 찬을 섞어서 비빔밥을 만들어 먹으면 음식찌꺼기가 남을 게 없다. 그뿐이 아니라 비빔밥은 영양의 보고寶庫다. 육·해·공군의 식품을 모두 수용할 수 있는 것이 비빔밥이다. 비빔밥이야말로 고르게 영양분을 섭취할 수는 최고의 건강식이다. 색깔로 보아도 비빔밥은 아름답다. 울긋불긋 총천연색이다. 비빔밥이야말로 컬러시대에 가장 알맞은 음식이다. 게다가 고소한 참기름 냄새가 코를 자극하니 이 비빔밥을 아니 먹고 어쩌겠는가? 이 세상에 이처럼 지혜롭고 맛깔스런 음식이 또 어디 있으랴. 아무리 프랑스요리나 중국음식이 유명하다 한들 어찌 우리 비빔밥을 당해낼 수 있을 것인가?

타쉬켄트를 떠나 인천국제공항으로 귀국하는 비행기 안에서도 또 비빔밥을 먹어야지 하는 기대를 안고 눈을 감았다. 오늘따라 내가 단군의 자손이란 사실이 더욱 자랑스러웠다.

Chapter 9

베트남 여행기

호치민의 3꿍 정신
죽음의 골짜기 구찌터널에 관광객의 발길은 이어지고
활기 넘치는 희망의 땅, 베트남
배부른 땅, 메콩 델타
하롱베이에서 맛본 다금바리회

호치민의 3꿍 정신

—베트남 견문기 ①

호치민을 나라의 아버지로 여기는 베트남을 찾았다. 아시아나항공을 타고 인천국제공항에서 5시간 반쯤 날아가니 베트남의 호치민공항에 닿았다. 호치민은 통일 전 월남 수도 사이공의 새 이름이다. 베트남이 통일되자 국부 호치민의 이름을 따서 호치민시로 개명한 것이고, 지금은 베트남의 경제수도 역할을 맡고 있다. 우리나라와의 시차가 2시간이라기에 우선 손목시계부터 조정한 뒤 출국신고를 마치고 공항 밖으로 나서니 후텁지근하고 눅눅하여 상쾌한 기분을 느낄 수 없었다.

베트남! 나로서는 처음 밟아본 땅이다. 그러나 40여 년 전 내 동생이 월남전에 참전하였기에 이 나라에 관심을 가졌다. 분단 베트남이 통일되고 우리나라와 국교가 트인 뒤 많은 관광객들이 즐겨 드나들었지만 나는 이 나라를 찾을 기회가 없었다. 그러나 신문이나 텔레비전에서 베트남 이야기가 나오면 일부러 눈여겨 보았었다.

베트남의 국부 호치민 주석이 생전에 우리나라 조선의 정조 때 실학자 다산 정약용이 쓴 『목민심서牧民心書』를 늘 머리맡에 두고 탐독했고, 피신할 때도 몸에 지니고 다녔으며, 죽은 뒤 관속에도 넣었다는 이야기를 들었을 때도 그저 반신반의했었다. 호치민 주석이 다산 정약용을 가장 존경했다는 이야기를 들었을 때도 긴가민가했었다. 호치민 주석이 다산의 기일忌日에 꼭 제사를 모실만큼 다산을 평생의 사표師表로 삼았다니 놀라지 않을 수 없었다. 절로 어깨가 으쓱거려지면서도 한자로 쓴 『牧民心書』를 호치민이 어떻게 읽었을지 궁금했었다. 그러나 곰곰 생각해 보니 우리나라나 베트남은 같은 한자문화권이 아니던가? 호치민 주석 역시 어려서부터 한자를 배웠을 테니 능히 『목민심서』를 읽을 수 있었으려니 싶었다.

우리나라와 베트남은 13세기 초부터 교류가 있었다고 역사는 전한다. 고려 고종 때 베트남에 쩐 왕조가 들어서자 멸망한 리 왕조의 왕자 이용상李龍祥이 고려에 귀화하여 화산군이라는 봉작을 받고, 화산 이 씨로 살았다지 않던가? 화산 이 씨 외에도 리즈엉꼰(이양혼)을 시조로 하는 강원도 정선 이 씨 역시 베트남 귀화인이라고 한다.

또 13~14세기경에 고려시대 추적이 편찬한 『명심보감明心寶鑑』이 베트남에 전해져 『밍떰바오지암』이란 이름으로 번역되어 베트남의 유학자들에게 읽혀지기도 했다고 한다. 이 같은 사실은 1960년 미국 컬럼비아대학의 윌리엄 시어도어 드 배리 교수가 사이공을 방문했을 때 현대 베트남어판 『명심보감』을 발견하면서 밝혀진 사실이다.

우리나라와 베트남 학자들의 교류는 13세기보다 훨씬 더 빨랐을 것이다. 두 나라 학자들은 중국에서 만나 필담筆談으로 대화를 나누었으리라. 두 나라 모두 뜻글자인 한자를 사용했으니 대화는 나눌 수 없어도 필담으로 의사전달은 얼마든지 가능했을 게 아닌가?

15세기에는 조선의 사신이었던 조신과 후기 레(Le)왕조(1428~1524)의 사신이었던 레티꺼(Le Thi Cu)가 만나기도 했었다. 어숙권의 『패관잡기』에는 조신이 연경에서 베트남 사신 레티꺼와 한문으로 된 시를 주고받으며 필담을 나누었다는 내용이 수록되어 있다. 1598년 조선 실학의 선구자로 추앙받는 이수광과 후기 레 왕조의 사신 풍칵콴이 연경에서 만나 필담을 주고받았는데 이 때 이수광은 풍칵콴이 명나라 신종神宗에게 바치는 『만수경하시집萬壽慶賀詩集』의 서문도 써주었다고 전한다. 얼마나 정겨운 인간관계인가? 이런 역사적 사실을 볼 때 우리나라와 베트남은 약 800여 년 전부터 교류가 있었다고 볼 수 있다.

함께 산다 (꿍아)
함께 먹는다(꿍안)
함께 일한다(꿍땀)

이 세 가지 정신이 이른바 호치민 주석의 '3꿍 정신'이다. 호치민은 비록 주석이란 높은 자리에 있었지만 죽을 때까지 혼자서 호의호식하지 않았다. 언제나 국민과 더불어 살고, 함께 먹으며, 같이 일한다는 3꿍 정신을 가지고 청빈한 삶을 살며 민본주의를 몸소 실천한 지도자였던 것이다.

호치민 주석의 이 3꽁 정신은 바로 벼슬아치는 애민정신에 입각해 백성을 다스려야 한다는 『목민심서』의 민본주의 정신과 통한다고 하지 않을 수 없다. 우리의 위대한 사상가이자 실학자이면서 뛰어난 문장가인 다산 정약용의 정신이 바다 건너 베트남까지 전파된 것을 보니 흐뭇하기 짝이 없다. 사회주의공화국인 베트남이 오히려 가까운 핏줄처럼 느껴지는 것은 어인 까닭일까?

베트남의 영웅 호치민! 불과 162cm밖에 되지 않는 단신인 그는 1969년에 눈을 감았지만 지금도 관공서는 물론 식당이나 상가마다 그의 사진을 붙여놓고 경배를 한다. 오뚝한 코, 긴 턱수염, 가냘픈 몸매의 호치민은 죽어서도 베트남 국민을 보살피고 있는 듯하다. 이념과 사상을 초월하여 죽은 뒤에도 온 국민의 존경과 흠모를 받는 호치민, 그는 베트남 사람들에겐 분명 분단 베트남을 통일시킨 구국의 영웅이요 불멸의 민족지도자다. 우리에게도 이런 선각자가 있었던가, 아니면 앞으로 곧 나타날 것인가?

죽음의 골짜기 구찌터널에 관광객의 발길은 이어지고

—베트남 견문기 ②

우리가 베트남의 구찌터널을 찾아간 것은 공교롭게도 우리나라 현충일과 같은 날이었다. 한국에서라면 집집마다 태극기를 게양해야겠지만 베트남에서는 가끔 베트남 깃발만 펄럭일 뿐 태극기는 볼 수 없었다.

호치민시에서 75킬로미터 떨어진 구찌까지는 버스로 1시간 30분 거리였다. 월남전 당시 베트콩총사령부가 있었던 곳이라 하여 미군이나 다국적군이 감히 넘볼 수 없는 험산준령인 줄 알았다. 그러나 막상 그곳에 가보니 해발 30미터 정도여서 평지나 다를 바 없었다.

베트남은 면적이 우리나라보다 넓은 32만 9,560평방킬로미터이고, 인구 역시 8천 6백 12만 명으로 우리나라 남북한 인구보다 많은 편이다. 그런데 베트남은 남쪽엔 평야지대고, 북쪽으로 가면서 산을 구경할 수 있다.

구찌는 헤아릴 수 없이 많은 동굴들이 인체의 핏줄처럼 땅굴로 이어져 있었다. 마치 개미굴 같았다. 헤아릴 수 없이 많은 동굴 입구는 저마다 위장을 하여 쉽사리 찾을 수 없게 꾸며 놓았고, 군데군데 대인지뢰와 대전차지뢰를 몰래 묻어두었을 뿐 아니라 온갖 방법을 동원하여 덫까지 만들어 놓았다. 보기만 해도 무시무시하였다. 이 땅굴의 길이는 무려 250킬로미터라는데 지하 3층 규모로 되어 있다. 그 크기는 대개 폭이 50센티미터요 높이가 70센티미터였다. 그 굴속으로 들어가면 서서 걸을 수 없고 오리걸음으로 걸어야 한다. 이 땅굴이 호미와 삼태기만을 이용하여 모두 인력으로 판 것이라니 얼마나 힘들었겠는가?

구찌에 들어서니 동굴 입구마다 관광객들이 이용할 수 있도록 목조 쉼터를 만들어 놓고 음료수를 팔기도 하였다. 그곳에서 땅굴 속으로 기어 들어갈 수 있었다. 체험관광지인 이곳 구찌터널에서 동굴 입구로 들어갔던 어느 서양 여성이 여러 사람의 부축을 받으며 가까스로 나오는 것을 보았다. 몸무게가 무거운 나는 선뜻 땅굴 속으로 들어갈 수가 없었다. 베트남 전쟁 때 나보다 더 덩치가 큰 미군병사들이 어떻게 이 동굴로 들어갈 수 있었으랴. 땅굴은 인간 개미굴이었다. 한 번 들어가면 앞으로만 들어가야지 뒤돌아 나올 수 없는 게 이 땅굴의 특징이다. 상상만 해도 소름이 돋았다.

구찌에 와서 구찌전투동영상을 보았다. 베트콩들이 신출귀몰하게 드나드는 이 땅굴 때문에 미군이 얼마나 많은 목숨을 잃었는지 미루어 짐작할 수 있었다. 어디에 땅굴 입구가 있고, 어디에 지뢰가 묻혔으며, 어디에 덫이 설치되었는지 모르는 미군들의 희생이 큰 것은 지극히 당연한 일이었으리라. 결국 이 구찌땅굴 때문에 미국이 패전했다는 이야기가 결코 허튼 소문만은 아니었구나 싶었다. 동굴 입구 근처엔 옛날 베트콩들의 모습을 실물처럼 만들어 놓아 관광객들에게 눈요기 거리를 제공하여 옛날의 실제 상황을 짐작할 수 있게 해 주었다.

베트남전쟁이 끝난 지금, 미군을 비롯한 다국적군의 후손들은 관광객이 되어서 베트남의 구찌를 찾아오고, 베트콩이나 월맹군의 후손들은 관광안내원이 되어 유창한 영어로 설명을 해 주니 얼마나 아이러니한 일인가?

총소리와 포탄 터지는 소리, 지뢰 폭발하는 소리가 뒤섞여 아비규환을 이루었을 살벌한 구찌터널! 그 구찌에 지금은 철따라 꽃이 피어 아름다움을 자랑하고, 이름 모를 새들과 풀벌레들의 노래를 감상할 수 있으니 그야말로 상전벽해桑田碧海가 아닌가. 게다가 수많은 남녀 관광객들의 웃음소리까지 함께 어우러지니 피비린내 나던 전쟁터 구찌가 어느새 상생의 평화무대로 바뀐 느낌이 들었다.

활기 넘치는 희망의 땅, 베트남

—베트남 견문기 ③

"고국에선 화랑담배도 없어 쩔쩔매던 동료 전우들이 수당 몇 달러씩 받는다고 줄곧 양담배로 격상하는 것이 눈에 거슬려 전우 한 사람 한 사람에게 양담배 대신 신탄진 피우기 운동을 은연중 전개하고 있습니다. 애국 비애국을 따지기 이전에 주월한국군 4~5만 명 가운데 흡연자를 3만 명으로 추산하고, 한 사람 당 매달 양담배를 열 갑씩 피운다면 주월한국군 흡연자들의 총 양담배 소모량은 모두 3백 60만 갑, 양담배 10갑에 평균 2달러씩 계산하면 무려 72만 달러입니다. 그러니 1년에 주월한국군이 약 72만 달러를 담뱃값으로 소비한다는 계산이 나옵니다. 이게 적은 액수입니까? 또한 액수를 따지기 이전에 의리가 없는 짓이지요. 고국에서 애연가라면 신탄진을 무척 사랑하는데 이역만리 월남에 와서 조금 질이 우수한 양담배를 마음대로 구할 수 있다고 하여 양담배만을 피운다면 마치 사랑하는 애인을, 조금 더 나은 여자가 나타났다고 해서, 바꿔치기 하는 것과 뭐가 다르겠습니까?"

약 40여 년 전 월남전에 참전했던 동생이 내게 보내 준 편지 내용이다. 지금 다시 읽어 보아도 애국심이 절절이 묻어나는 내용이 아닐 수 없다. 어린 동생이 이런 생각까지 할 줄이야…. 당시 파월국군장병들은 월남(남부 베트남)에서 목숨을 걸고 공산군들과 싸웠고, 미국으로부터 달러로 받은 그들의 봉급은 우리나라 경제발전의 밑받침이 되었다. 지금 우리나라 경제가 세계 12위로 껑충 뛰어오를 수 있기까지엔 그때 파월장병들이 벌어들인 달러가 큰 힘이 되었던 것이다. 군사력으로 월남을 도왔던 우리나라가 지금은 경제력으로 베트남의 발전을 돕고 있는 셈이니, 이 역시 역사의 아이러니가 아닐 수 없다.

지진이나 재해가 없는 복 받은 땅, 베트남. 1년에 세 번이나 벼농사를 지을 수 있는 풍요로운 땅, 베트남. 국민의 85%가 농촌을 지키고 있고 아직도 젊은이가 많은 땅, 베트남. 그 베트남에서 피비린내 나는 전쟁의 상흔(傷痕)이 가시고 남북통일이 되자 이제 베트남은 희망과 기회의 땅으로 바뀌었다.

노사분쟁과 고임금에 시달리던 우리나라 기업들이 희망의 땅 베트남으로 몰려들고 있다. 1992년 우리나라와 수교를 한 베트남에 터를 잡은 우리 기업체 수가 1,050여 개에 이르고, 그 기업들이 약 30여만 명의 베트남 사람들을 고용하고 있다. 이러한 현상은 갈수록 더 확대되려니 싶다. 호치민시의 신발업체 화승에서만 무려 만 2천여 명이 일을 하고 있을 정도라고 하니 알만하지 않은가?

그뿐이 아니다. 하노이에서 가까운 하이퐁에는 포스코(POSCO)

등 우리 기업과 베트남이 합작으로 투자하여 조선소도 가동 중이고, 베트남정부의 숙원사업인 제철소까지도 세웠다고 한다. 또 우리나라 건설업체들이 이곳에 진출하여 도로와 주택건설을 선도하고 있다. 특히 경남건설은 하노이에서 가장 높은 72층 건물과 두 동의 62층 아파트를 건축하고 있어 베트남 사람들의 눈길을 끌며 부러움을 사고 있다. 뿐만 아니라 LG와 삼성전자는 베트남의 가전제품 시장점유율 1,2위를 다투고 있고, 현대자동차와 기아, GM대우 등은 현지에서 자동차를 생산하고 있어 앞으로 베트남뿐만 아니라 인근 태국과 캄보디아, 라오스, 미얀마 등까지 공략하고 있어 앞날이 기대된다.

하노이공항에서 가이드를 따라 나서니 LG마크가 줄지어 나붙어 있어서 절로 어깨가 으쓱거려졌다. 또 한국석유공사와 SK는 베트남 대륙붕 유전 15-1광구에서 날마다 6.5배럴의 원유를 생산하는가 하면, 그 밖의 네 곳에서도 유전을 개발하고 있어서 산유국이 될 우리의 꿈을 키우고 있다. 베트남에 둥지를 튼 우리 기업들은 통신, 의류, 봉제, 신발 등 우리나라에서 경쟁력을 잃은 노동집약적인 산업들이었지만 지금은 건설, 발전, 플랜트 등 중화학부분과 자원개발, 사회간접자본 등 질적으로 변모하고 있어 전망이 밝다는 자랑이다.

베트남은 지금 활기에 넘치고 있다. 출퇴근 시간에 호치민시나 하노이시 등 도시의 주요 도로는 오토바이물결로 뒤덮인다. 자동차보다 오토바이가 거리의 주인행세를 한다. 자동차들이 오토바이들의 눈치를 보며 피해 다니는 것 같다. 아침저녁으로 오토바이 퍼레이드를 본다는 것은 즐거운 일이었다. 특히 아오자이를 입은 예쁜 베트남 여인들이 자전거나 오토바이를 타고 달리는 걸 보면 퍽 매력적이다. 또 도로변 상가 앞 그늘에서는 퇴근길 베트남 사람들이 끼리끼리 어울려 술이나 차를 마시며 자유롭게 담소를 나누고 있다. 통제된 사회주의국가라는 느낌을 받을 수 없을 정도로 자유롭고 안정된 분위기였다.

이 베트남이 프랑스와 20년, 다시 미국과 10년 전쟁을 하는 등 30년 전쟁을 한 나라라는 사실이 믿어지지 않는다. 자존심이 강한 베트남 사람들이 이런 속도로 꾸준히 발전한다면 머지않아 세계인의 주목을 받는 선진대국으로 우뚝 설 날이 꼭 오리라 믿는다.

(2010. 6. 23.)

배부른 땅, 메콩 델타

—베트남 견문기 ④

쌀 수출국 세계 제2위인 베트남, 그 베트남의 최대 곡창지대인 삼각주 메콩 델타의 대표도시는 미토(My Tho)다. 호치민시에서 버스로 2시간쯤 달리면 닿는 곳이다. 메콩강 하류의 삼각주 지역은 우리나라 경기도 면적의 약 두 배가량 된다니 대단히 큰 면적이다. 이 지역은 아름다운 전원 풍경을 자랑하는 곳이어서 앞으로는 더 이름난 관광지로 발전할 것 같다.

특히 유니콘 섬은 가장 큰 삼각주를 가지고 있는데 그 삼각주는 거미줄처럼 뻗어 나온 메콩강의 지류 때문에 발달한 비옥한 땅이다. 미토는 풍부한 수자원과 비옥한 삼각주 덕에 쌀, 바나나, 코코넛, 망고와 같은 농산물과 열대과일들이 풍부한 배부른 고장이다. 이 메콩 델타지역이 베트남 쌀 생산량의 60% 이상을 차지한다니 얼마나 대단한 곡창지대인가?

미토는 광활한 메콩강 지역에서 가장 번성한 도시로서 티엔 장 성

省 Tien Giang Province의 수도이지만 인구는 10만여 명밖에 되지 않는 아담하고도 조용한 도시다.

미토 선착장에서 통통배를 타고 유니콘 섬으로 이동하여 과일농장과, 코코넛 생산 공장, 꿀 농장, 동물원, 사원 등을 둘러보고, 꿀과 코코넛, 열대과일 맛을 볼 수 있어서 좋았다. 맛보기로 건네주는 꿀, 열대과일, 코코넛 캐라멜 만으로도 배가 불렀다. 곳곳에 노점상이 늘어서 있어서 값싸고 손쉽게 물건을 살 수 있었다. 이곳에서 여러 가지 색다른 맛을 느껴보는 것은 베트남 여행의 보너스였다.

유니콘 섬에서 관광객 네 사람씩이 베트남 사람 두 명이 노를 젓는 보트를 타는 재미도 무척 좋았다. 마치 아마존의 밀림 속을 헤쳐 가듯, 좁은 샛강을 요리조리 헤쳐 나가는 보트들이 그림처럼 고왔다. 가고 오는 보트들은 왜 그리도 많은지, 이 유니콘 섬을 찾는 관광객들이 무척 많은 것 같았다. 야자수가 우거진 샛강을 헤쳐가노라니 내가 마치 베트남 영화의 주인공인 것도 같고, 베트콩을 잡으러 가는 병사 같은 기분을 느낄 수도 있었다. 보트의 앞뒤에서 노를 젓는 베트남 사람들은 굳게 입을 다물고 노를 저었다. 같은 베트남 사람들끼리도 모르는 듯 대화를 나누는 걸 볼 수 없었다. 이곳에서 처음 즐긴 샛강 투어는 오래 기억에 남을 아름다운 추억거리였다.

메콩강은 물속에서 노니는 물고기의 모습이 보이지 않을 정도로 짙은 황토색이었다. 옛날 금강을 거쳐 군산 앞 바다로 빠지던 강물, 소설가 채만식이 탁류濁流라 했던 그 강물과 어쩌면 그렇게 똑같은 색일까?

메콩강을 베트남어로는 꾸롱(Cuu Long)이라 한다. 이 말은 메콩강의 큰 줄기가 9개여서 그것을 9룡九龍 즉 아홉 마리의 용이라는 뜻으로 그렇게 부른다. 메콩강은 중국의 티벳고원에서 발원하여 라오스, 태국, 캄보디아를 거쳐 베트남으로 이어지는 강인데 총길이가 4천 20km로서 동남아시아에서는 가장 큰 강이다. 그 가운데 220km가 베트남을 휘감아 흐른다. 메콩델타에 이른 메콩강은 아홉 개의 지류로 흩어져 바다로 흘러간다. 그래서 베트남 사람들은 이 강을 구룡강九龍江이라 부른다. 이 지역의 많은 주민들은 메콩강 강변의 수상가옥水上家屋에서 생활하고 있어서 눈길을 끌었다. 강물에 띄운 배를 생계수단뿐 아니라 주거지로 이용하여 색다른 맛을 느낄 수 있었다.

유니콘 섬의 어느 식당에서 점심식사를 하게 되었다. 바람이 숭숭 뚫고 지나갈 수 있도록 시원하게 지은 간이식당은 꽤나 넓었다. 그곳은 해산물도 풍부하여 다양한 생선요리를 맛볼 수 있었다. 요리가 나오기 전 베트남 민속음악을 들려주었는데 가수와 반주자의 차림새가 허름했다. 외국관광객들 앞에서 선보이는 공연이니만큼 전통복장을 잘 갖춰 입고 나왔으면 좋겠다는 생각이 들었다.

그곳에서 먹어 본 '코끼리 귀 생선(Elephant Ear Fish)'은 처음 본 생선요리였다. 말 그대로 코끼리 귀로 만든 요리가 나올 줄 알고 잔뜩 기대하고 있었다. 그런데 막상 식탁에 오른 것은 생선튀김이었다. 다만 그 생선튀김의 모양이 코끼리 귀와 흡사했다. 그렇다고 맛이 좋은 것도 아니었다. 조기 대신 부세구이를 젓가락으로 떼어 먹는 것 같았다. 하지만 베트남의 메콩 델타 유니콘 섬이 아니면 어디에서 이런 생선요리를 맛볼 수 있을 것인가? 그러기에 낯선 곳을 찾아가는 여행은 언제나 즐겁고 보람이 크다. 여행은 새로운 것에 대한 눈뜸이라고 할 수 있을 것이다.

오늘의 배부른 땅, 메콩 델타 여행은 베트남 여행의 진수였다. 색다른 체험을 할 수 있어서 오래오래 아름다운 추억으로 남을 것 같다.

하롱베이에서 맛본 다금바리회

—베트남 견문기 ⑤

베트남의 하롱베이는 바다에 떠있는 중국의 명승지 계림鷄林같다고나 할까? 끝을 알 수 없고 생김새조차 짐작할 수 없는 기기묘묘한 3천여 개의 섬들이 모인 천혜의 관광지답게 볼거리도 많았다. 은하수를 닮은 이 섬들은 석회암으로 이루어졌다.

에메랄드빛 바다를 자랑하는 하롱베이국립공원(Halong Bay National Park)은 수묵화처럼 아름답기 때문에 관광객들의 마음을 사로잡는다. 호수같이 잔잔한 해면과 그 위에 살포시 떠있는 용섬, 원숭이섬, 거북섬이란 별명을 가진 섬들 때문에 바다의 계림이라고 불리기도 한다. 하롱베이는 파도를 일으킬 줄 모르는 얌전한 바다였다. 유네스코가 1994년 이 하롱베이를 세계자연유산으로 등록할 정도라니 알만하다.

베트남의 수도 하노이에서 이 하롱베이까지는 버스로 약 4시간쯤 달려야 할 거리다. 그러나 베트남을 찾는 관광객치고 이 하롱베이를 빼놓고 여행일정을 잡지는 않는다. 하롱베이 방문은 베트남 관광의 필수 코스라는 이야기다.

가이드는 하롱베이를 제대로 구경하려면 사흘은 둘러보아야 한다고 했다. 그런데 우리 일행은 일정에 쫓겨 하루에 주마간산격走馬看山格으로 둘러볼 수밖에 없었다.

하롱베이는 무슨 뜻일까? 하롱이란 이름은 하롱降龍 즉 용이 내린 곳이란 의미다. 베이는 만灣이란 뜻의 영어 Bay다. 그 이름에는 전설이 담겨 있다. 옛날 외적의 침략이 잦았던 이 지역에 용이 내려와 적을 물리치고 보석을 얻었는데, 그것이 기암괴석이 되어 바다로부터 외적의 침입을 막는 역할을 해주게 되었다는 것이다.

푸르고 깊은 바다에는 그러한 전설과 잘 어울리는 신비스러운 분위기가 감돌고 있다. 그런 느낌 때문인지 하롱베이는 '인도차이나'와 '굿모닝 베트남'이란 영화에도 소개되었다.

선착장에서 바라보니 하롱베이는 바다가 아니라 호수 같았다. 크고 작은 섬들로 빙 둘러싸여 있는 까닭일 것이다. 그곳에는 관광객들을 태우는 유람선들이 어찌나 많던지 마치 임진왜란 때 일본수군을 무찌르려고 모여든 조선수군의 전함戰艦들 같았다.

우리는 미리 예약한 유람선을 타고 섬 내의 석회동굴을 찾았다. 좁은 공간에 많은 관광객들이 몰려들어 사진 한 장 찍을 수도 없었다. 하롱베이의 명소라는 천궁동굴에서 하늘문, 용혀성, 용좌폭포, 선녀목욕탕 등을 가리키며 가이드는 입에서 침이 튈 정도로 열심히 설명했지만 제대로 귀에 들어오지 않았다. 내가 옛날 제주도에서 보았던 우리나라 동굴이 훨씬 더 낫구나 싶었기 때문이다. 그러나 이 천궁동굴에도 전설은 있다. 중국 명나라와의 싸움 때 하늘에서 용이 내려와 도와주었단다. 그 엄마용이 하늘로 올라가지 않았는데 그 이유는 베트남 장군이 그 용의 머리에 타고 있었기 때문이다.

동굴 중심에는 네 개의 종유석 기둥이 떠받치고 있어서 하늘의 지붕으로 불린다. 나는, 천궁동굴은 설렁설렁 구경하고, 어서 점심시간이 돌아오기만을 기다렸다. 저마다 30달러씩 추가요금을 내고 배 안에서 다금바리회를 먹기로 했기 때문이다.

동굴에서 나와 배로 옮겨 타니 베트남 전통요리에 추가로 다금바리회가 나왔다. 갑오징어와 새우, 베베, 게 등 해산물이 푸짐했다. 상추와 마늘도 따라왔다. 우리나라 횟집에서 먹던 것이나 별 차이가 없었다. 베트남의 하롱베이에서 배를 타고 유람하며 다금바리회를 안주삼아 소주를 몇 잔 마시니 신선이 부럽지 않았다.

선상에서 점심식사를 마치고 하롱베이 일대를 조망하라며 티톱섬에 잠시 내려주었다. 그 섬은 모래사장이 좋았다. 우리는 맨발로 뜨거운 모래밭을 거닐다 바닷물에 발을 담갔다. 경상도 사투리가 구수한 70대 후반의 정무수 시인은 옷을 입은 채 풍덩 바다로 뛰어들었다. 다금바리회에 소주 한 잔 마신 기분과 티톱섬의 경치에 취해 흥이 났던 모양이다. 정 시인은 젖은 옷을 입은 채 그대로 옷을 말렸다. 아름다운 시 한 편이 나올 지도 모르겠다. 노인도 신이 나면 어린이가 되는 것 같았다.

지진이나 해일 등 재해가 없는 베트남은 오랜 전쟁에 시달렸으면서도 아름다운 자연경관을 잘 보존하고 있어 부러웠다. 앞으로 그 관광자원만으로도 베트남이 세계인의 관심을 크게 끌 것 같다.

Chapter 10

캐나다 여행기

꿈꾸며 찾아간 캐나다

캐나다에서 겪은 삽화들

다시 찾고 싶은 나라, 캐나다

꿈꾸며 찾아간 캐나다

—캐나다 방문기 ①

공기 좋고 물 맑고 살기 좋은 나라라는 캐나다를 찾았다. 6월이어서 그랬을까? 밴쿠버를 비롯한 캐나다 서부는 내가 머문 1주일 중 단 하루를 제외하고는 날마다 비가 내려 대지는 늘 축축했다. 아내 없이는 살아도 우산 없이는 살 수 없겠다는 생각이 들었다. 비가 내려도 우리나라의 소나기처럼 주룩주룩 내리는 게 아니라 이슬비처럼 가냘프게 내렸다.

캐나다는 넓은 나라였다. 관광버스가 1시간 이상 달려야 겨우 마을이 눈에 띌 정도였다. 큰 마을에 가더라도 별로 사람들이 눈에 띄지 않았다. 세계에서 가장 넓은 나라라지만 사람이 살 수 있는 곳은 한정되어 있기에 그런 것 같다. 면적은 우리나라보다 101배나 크다는데 인구는 고작 3천만 명이라니 그럴 만도 하다. 그런 나라가 예비군을 포함하여 나라를 지키는 군인이 5만 명밖에 되지 않는다는 가이드 정의준 군의 말을 믿어도 될까?

미국과 국경이 맞닿은 남쪽 약 300km폭의 동서로 뻗은 띠 모양의 땅에 인구의 약 90%가 살고 있고, 그 북쪽으로는 툰드라와 극지방이 이어져 있다. 북반구에 위치하고 있어서 봄 · 여름 · 가을 · 겨울 사계절은 우리나라와 같지만 위도가 더 높아 날씨는 더 춥다. 겨울철 산악지방은 기온이 영하 20도까지 내려갈 정도로 추운 날이 많다. 내가 찾아간 캐나다는 여름이지만 일교차가 심해서 가벼운 점퍼 하나쯤은 지녀야 했다.

캐나다의 인구 구성은 백인계가 80%이고, 흑인 12%, 인디언 0.4%이며 나머지는 아시아계라고 했다. 영어와 프랑스어가 공용어이며, 종교는 가톨릭이 46.5%이고 개신교가 41.2%이며 기타가 11.1%라고 한다. 캐나다에서는 공항이나 호텔 등 어느 곳에 가던지 영어와 프랑스어가 함께 씌어 있다.

밴쿠버공항에 도착한 뒤 빗속에서 밴쿠버 시내관광에 나섰다. 반두센식물원을 둘러보다. 1986년 밴쿠버엑스포 때 우리나라가 선물한 팔각정八角亭이 눈에 띄어 반가웠다. 그 앞에서 기념사진을 찍고 차이나타운을 거쳐 세계 유일의 증기시계가 있는 게스트타운, 그리고 북미 최대의 원시림인 스탠리공원 등을 둘러보았다. 약 134만 평이나 된다는 스탠리공원에는 차도와 인도, 인라인스케이트 도로 등 세 가지 도로가 나란히 조성되어 있었다. 스탠리공원은 몹시 넓어서 다 둘러볼 수는 없었다. 하지만 원주민 인디언들이 재앙과 질병으로부터 가족과 부락민을 지켜준다고 믿는 토템 폴(Totem Poll)이 눈길을 끌었다. 그 토템 폴은 우리나라의 장승과 같은 수호신이다.

밴쿠버 오리엔탈 뷔페에서는 그날 오후 6시부터 한국문인협회가 마련한 제22회 해외한국문학 심포지엄과 제21회 해외한국문학상 시상식이 열렸다. 그곳에는 캐나다 거주 문인들과 멀리 미국 워싱턴주에서 온 문인들 그리고 한국에서 찾아간 문인 등 100여 명이 자리를 가득 메운 가운데 행사가 진행되었다.

심포지엄에서는 김송배 시인이 '한국문학의 해외교류-재외동포와 한국문학'이란 주제로, 밴쿠버 거주 김해영 시인이 '세계로 가는 한국어와 한국문학'이란 주제로 발표를 했다. 이어서 김학 수필가는 '행복한 글쓰기'란 주제로 특강을 했다. 심포지엄이 끝난 뒤 바로 시상식이 이어졌다. 여느 때와 달리 이번 제21회 해외한국문학상은 세 명의 캐나다 거주 문인들에게 주어졌다. 소설부문에서는 『석양을 사는 사람들』이란 작품으로 반병섭 소설가가, 시부문에서는 『삶과 꿈 그리고 그 사이』란 시집으로 안봉자 시인이, 수필부문에서는 『겨울이 긴 나라』라는 수필집으로 심현숙 수필가가 영광의 상을 받았다. 이들 수상자들은 저마다 활발하게 활동한 문인들이다. 반병섭 소설가는 은퇴목사로서 88세나 되는 분이어서 더 관심을 끌었다. 또 안봉자 시인은 한국어와 영어로 시작활동을 하고 있으며, 심현숙 수필가는 밴쿠버한인문인회 회장을 역임하는 등 동포문인들의 구심점 역할을 잘하고 있었다.

낯설고 물선 만리타국에서 모국어로 창작활동을 하는 해외동포 문인들이 무척이나 자랑스럽고 믿음직스러워 보였다. 하늘나라에 계시는 세종대왕께서도 이들을 보며 흐뭇하게 여기시려니 싶었다.

한국문인협회 정종명 이사장은 "해외한국문학 심포지엄은 '한국문학의 세계화'라는 명제를 내걸고 우리 협회가 해마다 해외에서 개최하는 국제행사입니다. 지금 우리 동포문인들이 미국, 캐나다, 일본, 중국 등 세계 도처에서 나름대로 문학 활동을 활발하게 전개하고 있습니다. 제25대 문협 집행부가 출범한 작년에는 미국 LA를 방문하여 동포문인들과 더불어 심포지엄과 시상식을 개최했고, 올해는 유서 깊은 캐나다를 방문하게 되었습니다."라고 운을 뗀 뒤 "얼마 전에 신경숙 작가의 장편소설이 영어로 번역되어 베스트셀러에 진입하는 등 큰 화제를 불러일으켰습니다. 또 한국작가로는 처음 '2011 맨 아시아 문학상(Man Asian Literary Prize)'을 수상하는 영광을 안았습니다. 맨 아시아 문학상은 영국 최고 권위의 문학상인 맨 부커상을 후원하는 투자회사 맨 그룹이 아시아 작가의 작품을 대상으로 2007년에 제정한 문학상입니다. 모르긴 해도 이로 인해 한국문학에 대한 해외문단과 출판계의 인식이 크게 달라질 것으로 예상합니다. 또 해외에서 한글로 작품 활동을 하는 우리 동포문인들도 자긍심을 가질 것으로 압니다.

우리는 이 기회를 통하여 우리들의 창작활동이 세계를 향해 웅지를 품고 나아가는데 자신감을 갖게 되기를 기대합니다. 우리는 한국문학의 세계화를 위해 앞으로 무엇을 할 것인지에 대해서도 고민하는 자리가 되기를 기대합니다."라고 강조했다. 특히 동포문인들은 이사장의 인사말을 경청하며 저마다 꿈을 키우는 듯 보여 흐뭇했다.

만나면 만날수록 정이 깊어지는 게 우리 배달겨레의 정서다. 밴쿠버 동포문인들도 초면이지만 금세 10년 지기처럼 가까워졌다. 워싱턴에서 온 어느 여류 수필가는 나를 찾아와 인사를 하며 반가워했다. 오래 전 내가 『월간문학』수필 월평을 쓸 때 자신의 작품을 잘 평해주어서 고마웠단다. 작품이 좋았기에 그렇게 평했겠지만 칭찬의 끝이 세계를 누비는 것 같아서 크게 보람을 느꼈다.

내년에는 러시아의 모스크바에서 만나기로 약속하고 행사를 마무리했다. 캐나다 밴쿠버의 첫날밤은 그렇게 깊어가고 있었다.

캐나다에서 겪은 삽화들

—캐나다 방문기 ②

흰 바탕의 양쪽 끝에 빨간색 무늬가 있고 그 가운데에 빨간색 단풍이 그려진 국기를 보면 캐나다가 떠오른다. 6 · 25전쟁 때 16개 UN 참전국의 하나이기도 한 캐나다는 잊을 수 없는 우리의 우방이다.

캐나다 국기는 단풍잎 모양 때문에 흔히 '메이플 리프 플래그(Maple Leaf Flag)라고도 한다. 양쪽의 빨강색은 태평양과 대서양을 뜻하고, 12개의 각角이 있는 빨간 단풍잎은 캐나다 12개 주를 상징한다. 빨강과 하양은 영국의 국기 유니언 잭에서 따온 색인데 1921년부터 나라의 색으로 사용하고 있다. 그 이전까지는 빨강바탕에 영국 국기 등이 들어있는 국기를 사용하다가, 1964년 10월 22일 캐나다 국회에서 현재의 국기가 채택되었다고 한다. 그 다음해 2월 15일 영국의 여왕인 엘리자베스 2세가 이것을 캐나다의 국기로 공포한 것이다. 캐나다는 영국 연방인 까닭이다.

세계에서 가장 서비스가 좋다는 인천국제공항에서 태평양을 건너 캐나다 서부 밴쿠버공항까지 가는 데는 무려 10시간이 걸렸다. 3등석 승객으로서는 참으로 지루하고 힘든 비행이었다. 공항에서 내리자 이슬비가 달려와 우리 일행을 환영해 주었다. 캐나다에서 머문 1주일동안 하루를 빼고는 날마다 비가 우리와 함께 움직였다. 이 비를 비행기에 태워 40여 년 만의 가뭄에 시달리는 우리나라로 보내고 싶은 마음 간절했다.

이번 캐나다 여행은 카메라 없는 나들이였다. 첫날 가이드에게 촬영을 부탁한 뒤 디지털 카메라를 돌려받다가 떨어뜨리는 바람에 고장이 났기 때문이다. 우리 부부는 귀국할 때까지 이 사람 저 사람에게 빌붙어 사진을 찍을 수밖에 없었다.

이번 일행 34명 중에는 81세의 노스님 한 분과 69세의 목사님 한 분이 계셔서 든든했다. 정정하신 노스님은 고급 카메라를 들고 다니면서 아름다운 경치를 카메라에 담았고, 우리 일행을 촬영해 주기도 하셨다. 우리 부부도 신세를 졌는데 인화하여 사진을 보내주겠다고 하셨으니 기대가 된다. 이번 캐나다 여행에서는 두 분의 성직자가 동행했기에 부처님과 하나님이 잘 보살펴 주시리라는 은근한 믿음이 있었다.

비를 맞으며 면사포폭포를 구경하러 공원을 찾은 어느 날이었다. 그 공원은 길이 여러 갈래로 나 있었다. 가이드는 꼭 올라간 길로 되돌아오라고 신신당부했었다. 그런데 아무리 기다려도 돌아오지 않는 분들이 있었다. 스님과 목사님을 포함한 11명이 길을 잃었다. 관광버스로 공원을 한 바퀴 돌고서야 일행을 만날 수 있었다. 스님이나 목사님도 길눈이 어둡기는 마찬가지였던 모양이다.

외국여행을 가면 여권관리를 잘 하라는 이야기를 자주 듣는다. 이번 캐나다여행에서도 다를 바 없었다. 한국여권은 인기가 있어서 하나에 3백만 원씩에 팔린다고 했다. 그런데 공교롭게도 여권을 분실한 분이 있었다. 여류 소설가 J씨가 그 주인공이었다. 우리는 한국문인협회가 마련해 준 이름표 뒤쪽에 여권을 끼워 넣어 목에 걸고 다녔다. 그런데 J씨는 어디선가 그 목걸이를 잃어버린 것이다. 본인은 얼마나 황당했을까? 주 캐나다영사관에서 가까스로 임시여권을 만들어 함께 귀국할 수 있어 그나마 천만다행이었다.

캐나다의 차량들은 모두 우리나라처럼 왼쪽에 운전석이 있었다. 우리가 탄 관광버스는 안전띠가 마련되어 있지 않았다. 캐나다에서는 차량이 붐비지 않고 교통사고가 적어서 어깨띠 정도는 신경을 쓰지 않는 것 같았다. 하지만 나는 버스 안에서 우산을 받아야 했다. 맑은 날 공기를 소통시키려고 만들어 놓은 천장의 창문을 꽉 닫았는데도 차내로 빗방울이 뚝뚝 떨어지기 때문이다. 버스 안에서 우산을 받다니, 나로서는 색다를 첫 경험이었다.

이번 여행에서 가장 기억에 남는 삽화는 목사님에게 소주를 권한 일이다. 식사 때마다 애주가愛酒家들은 끼리끼리 모였다. 그 자리에는 으레 목사님도 동석 하셨다. 뱃속이 좋지 않을 때 소주를 마셨더니 씻은 듯이 나았다는 목사님의 말씀을 듣고 난 뒤부터 목사님은 애주당의 당원이 되었다. 목사님은 한 병에 2만 4천 원이나 받는 소주를 사기도 하셨다. 나는 그 목사님에게 목사님이 소주를 마시는 것은 눈높이를 소시민과 맞추는 일이라며 주석설교酒席說敎를 하기도 했다. 82세로 최고령이신 부천의 K수필가와 서울의 K시인, 성남의 J소설가, 그리고 전주의 K수필가는 이번 캐나다 여행 때 긴급 창당한 애주당의 정예 멤버들이었다. 이거야말로 캐나다 여행에서 가장 기억에 남을 삽화다.

캐나다는 잘 사는 나라라는데 숙소나 음식은 마땅치 않았다. 숙소만 보더라도 호텔이나 모텔보다는 'inn'이 많았다. 'inn'이라면 '여인숙'이라고 배우지 않았던가? 그래서 그런지 아침식사도 시원치 않았다. 쌀밥이 없는 경우가 많았고, 있더라도 안남미安南米로 지은 밥이 전부였다. 김치는 물론 없었다. 한국 관광객에 대한 배려가 없어 아쉬웠다. 동남아나 아프리카 여행 때도 이렇지는 않았는데……. 나는 그 안남미 밥을 불면 날아가는 밥이기에 '날아가는 밥'이라고 명명하기도 했다. 날이 갈수록 어서 집에 가서 하얀 쌀밥에 김치와 된장찌개를 먹고 싶다는 생각이 들 뿐이었다. 토종인 나는 역시 단군의 후손임이 분명했다.

여행은 추억의 노적가리 쌓기다. 나는 이번 캐나다 여행에서 단풍은 구경하지 못했지만 나름대로 새로운 체험을 많이 할 수 있어서 좋았다.

(2012. 6. 23.)

다시 찾고 싶은 나라, 캐나다

—캐나다 방문기 ③

세계에서 러시아 다음으로 국토가 넓다는 캐나다는 가도 가도 끝이 없는 광활한 나라였다. 단풍의 나라인 캐나다는 늦가을에 찾아야 할 일이었다. 6월의 캐나다 나무들은 군복 같은 초록색 옷차림이었고, 거의 날마다 이슬비가 내려 열대 우림지역에 온 것 같아 상쾌한 기분이 들지 않았다.

지도에서 보면 캐나다는 미국이란 나라가 머리에 쓰고 있는 모자帽子 같다는 생각이 들곤 한다. 나는 지금 그 모자 속으로 들어가고 있는 것이다.

서부 캐나다의 항구도시 밴쿠버에서 캐나다방문 첫날밤을 보내고 이튿날은 이른 아침부터 1번 하이웨이를 따라 달렸다. 프레이저 밸리의 넓은 초원을 지나, 캐나다 유일의 사막지대 메릿을 거쳐 인삼과 목재의 도시 캠룩스에서 점심식사를 했다. 이어서 웰스그레이 주립공원을 둘러보고 스파렛 폭포를 배경으로 사진을 몇 장 찍은 뒤, 캐나다 로키산의 산간마을인 벨마운트에 닿았다. 소주 한 병을 2만 4천 원에 사서 마시며 저녁식사를 마치고, 그곳에서 여장을 풀었다. 오늘은 장거리 버스여행이어서 무척 힘들었다.

캐나다 방문 사흘째인 오늘은 가장 기대되는 일정이다. 이른 아침 식사를 마치고 캐나디안 로키산맥의 최고봉인 랍슨 마운틴을 찾아가는 날이다. 로키는 태고의 신비를 간직한 조물주의 걸작이며 대자연의 파노라마다. 만년설을 이고 있는 3,000m급 이상의 높은 산과 거대한 석상처럼 우뚝 솟은 바위산, 곳곳에 에메랄드빛 호수를 간직하고 있으며, 너른 품에 갖가지 야생동물들을 안고 있는 로키산은 살아 있는 자연사박물관이자 생태공원이다.

캐나다 4대 국립공원의 하나인 자스퍼는 주로 철도와 관광업에 종사하는 인구 4,500명 정도의 아담한 동네다. 야생동물이 사람 숫자보다 많다는 곳이다. 예전에는 모피 교역소였으나 1970년에 국립공원으로 지정되었다. 자스퍼에서는 곤돌라를 타고 위슬러산 전망대에 올라가 바라보니 경치가 일품이었다.

6월에 바라본 로키산은 언제나 머리에 흰 눈을 둘러쓰고 있어서 6월에 캐나다를 찾은 내가 마치 겨울의 한 가운데 서 있는 느낌이었다.

캐나다는 폭포와 호수가 많은 나라다. 가이드 정의준 군은 캐나다에는 대한민국 국토를 풍덩 빠뜨려도 남을 만큼 큰 호수가 있다고 했는데 그게 농담은 아닌 성싶었다. 특히 세계 제10대 절경 중 하나인 루이스 호수는 참으로 아름다웠다. 영국 빅토리아여왕의 딸인 루이스 공주의 이름을 따서 호수의 이름을 지었다던가?

세계에서 두 번째로 큰 대 빙원지대로 이동하는 길은 오르막과 내리막길이 계속 이어졌다. 바위산인 로키산은 어느 쪽에서 보더라도 눈이 덮여 있어서 계절을 착각할 지경이었다. 산기슭에 비가 내리면 해발 3천m 전후인 로키산 산봉우리에는 눈이 내리기 때문이라고 했다.

장대한 캐나다의 로키산은 세계적인 관광지다. 지구상에서 가장 아름다운 자연을 갖고 있고, 접근하기 쉬운 자연환경이어서 세계인들이 자주 찾는 관광지라고 한다. 컬럼비아 대 빙원은 390평방킬로미터로서 북반구 최대 규모의 빙원인데 얼음 두께가 365m로 매우 단단하다고 한다.

"갑시다!"

하며 출발하는 캐나다 여자운전사가 운전하는 둔중한 설상차雪上車를 타고 가파른 비포장도로를 달려 빙원에 오르니, 갑자기 진눈개비가 휘날리고 바람이 거세졌다. 기념사진 찍기도 어려울 정도였다. 빈 물병에 빙하 녹은 물을 채워 마셨다. 그 빙하 녹은 물을 한 모금 마시면 5년씩 젊어진다는 가이드의 설명을 듣고 나는 두 모금이나 마셨다. 차가운 물이 들어가니 목구멍이 짜릿하였다.

빙하에 쌓인 눈을 밟아 보는 기분은 야릇했다. 때가 겨울이 아니라 6월이었기 때문에 더 그런 것 같다. 로키의 만년설과 빙하가 녹아내리는 물을 어느 시인은 에메랄드 빛 눈물이라 했던가?

아싸바스카 빙하를 둘러본 뒤 눈물의 벽과 페이토호수, 까마귀발 빙하, 보우호수 등을 감탄어린 눈으로 바라보았다. 약 120년 역사의 720객실과 전통을 자랑하는 밴프 스프링스 호텔 서프라인즈 코너, 캐스캐이드 산과 밴프시내 설퍼산까지도 기억의 창고에 차곡차곡 담아두었다. 특히 마릴린 몬로가 주연한 영화 '돌아오지 않는 강'을 촬영했다는 보우폭포를 둘러 본 것은 즐거운 일이었다. 로키산을 오르내리며 숲속에서 어슬렁거리는 곰과 사슴 그리고 다람쥐 등 야생동물들을 볼 수 있었던 것은 보너스였다. 그리고 로키산 기슭에 촘촘히 자란 전나무군락지를 보면서 다른 나무들은 없고 오로지 전나무들만 늘어서 있어서 아쉬웠다.

캐나다방문 마지막 날, 우리는 이른 아침부터 빅토리아 페리 터미널로 이동했다. 바다를 건너 브리티시 콜럼비아주의 수도 빅토리아로 가기 위해서였다. 2만 톤급 카 페리호는 2천 명의 승객과 차량 5백 대를 실을 수 있는 규모였다.

빅토리아는 전통건축양식의 건물과 꽃바구니로 장식된 영국풍의 아담한 도시였다. 이 빅토리아는 고풍스러운 도시로서 현대와 역사가 잘 어우러진 여행지였다. 또 태평양 연안의 온화한 기후 때문에 빅토리아는 사철 야외활동이 가능한 곳이다. 특히 22헥타르의 넓은 땅에 향기가 넘치는 장미가든, 분수가 솟구치는 이탈리아가든, 오밀조밀한 일본가든, 요염한 꽃장식의 중국가든 등이 있어서 눈길을 끌었다. 다양한 꽃으로 잘 가꾸어진 거제도 앞의 외도가 연상되었다.

이 부차드 가든(Butchart Gardens)은 동서양의 꽃들이 피게 만들어 벌·나비들을 호강하게 만든 아름다운 정원이었다. 원래 그곳은 시멘트공장의 석회암 채굴장이었는데 부차드(Butchart)가 지금 처럼 멋진 정원으로 개발한 것이라고 했다.

그밖에도 빅토리아에는 1893년에 92만3천 달러를 들여 건축한 유서 깊은 주의사당州議事堂과 1만2천여 년의 브리티시 컬럼비아주 자연사를 살펴볼 수 있는 로열B.C박물관, 1890년에 로버트 던스미러 남작이 착공한 크렉다로크성 그리고 5천 개의 선박들을 선보이고 있는 해양박물관 등 구경거리가 많았다.

광대한 캐나다는 한두 번에 둘러볼 그런 나라가 아니었다. 무궁무진한 자연의 보고였다. 더구나 동부 캐나다를 둘러보지도 못한 채 서부 캐나다 일부만 구경하고 캐나다 이야기를 풀어간다는 건 무모한 일이라는 생각이 든다. 캐나다, 언젠가 다시 찾고 싶은 땅이다.

(2012. 6. 24.)

Chapter 11

싱가포르 여행기

여인천국, 싱가포르에서는 지금

여인천국, 싱가포르에서는 지금

싱가포르는 말레이반도 끝 섬들로 이루어진 도시국가다. 면적은 서울보다 조금 넓은 641평방킬로미터요, 인구는 고작 460만밖에 되지 않은 조그만 나라다. 하지만 1965년 8월 독립한 뒤 리콴유 초대 수상이 정치를 잘하여 오늘날엔 GNP가 3만 달러나 되는 부강한 나라로 발전하였다.

싱가포르에 도착하기 전부터 싱가포르에서는 씹던 껌을 함부로 버려도 안 되고 침도 아무데서나 뱉으면 안 된다고 들어서 잔뜩 주눅이 들었다. 그만큼 깨끗하게 환경을 잘 관리하는 나라구나 싶었다. 비행기에서 내려다 본 싱가포르는 공원처럼 잘 가꾸어진 나라였다.

싱가포르 창이국제공항에 도착한 것은 6월 7일 오후 7시 25분. 공항에서 만난 가이드 이치훈 씨는 싱가포르는 젊은 부부가 아들딸만 생산할 수 있을 뿐 모든 것을 다 외국에서 수입하여 살아간다고 소개했다. 농산물, 수산물, 공산품 등 모두 수입한다는 것이었다.

싱가포르는 또 여인이 살기 좋은 나라라고 했다. 어느 나라 여인이나 밥을 짓고 빨래를 하며 청소를 하기 마련이다. 그런데 싱가포르에서는 그런 일을 주부가 하지 않고 방글라데시나 이웃 말레이시아 여인들을 고용하여 부려먹는단다. 우리 일행은 딸들을 싱가포르로 이민 보내야겠다며 웃었다.

가이드는 우리에게 자긍심을 심어주는 이야기를 계속 쏟아냈다. 2012년까지 싱가포르 택시들은 모두 우리의 현대자동차로 교체하게 된다고 했다. 그뿐이 아니었다. 싱가포르의 지하철은 모두 우리나라의 건설회사들이 시공했는데 확장될 지하철도 우리나라 건설회사가 맡게 되었다며 기뻐했다. 땅굴파기 하면 삼성건설이 최고라는 것이었다.

사회민주주의 국가인 싱가포르는 동서의 길이가 42킬로미터요 남북이 23킬로미터다. 아주 조그만 섬이지만 싱가포르는 세계적인 중계무역항이다. 이 싱가포르에서는 담배 한 값에 만 원이고 소주 한 병에 2만 원이라니 어지간한 월급쟁이라면 금연과 금주를 하지 않을 수 없을 것 같았다.

가이드는 싱가포르 야경을 구경하려면 30달러씩 내라고 했다. 그러나 옛날 홍콩야경이 유명하다하여 구경한 적이 있었는데 그와 대동소이할 것 같아 그냥 호텔에서 푹 쉬기로 했다.

이튿날 오전에는 동남아시아에서 최대 규모라는 쥬롱 새 공원(JURONG BIRD PARK)을 찾았다. 처음엔 모노레일을 타고 잘 가꾸어진 공원을 한 바퀴 돌아보았다. 다양한 새들이 무리를 지어 노닐며 자태를 뽐내고 있었다. 그런 뒤 새들의 공연장(POOLS AMPHITHEATRE)에서 갖가지 새들의 공연(Allstar bird show)을 구경하였다. 두루미, 잉꼬, 앵무새, 펭귄, 독수리 등이 나름의 묘기를 보여주어 관광객들의 박수갈채를 받았다. 조련사들과 새들의 교감을 보면서 먹이를 미끼로 가르치면 새들도 묘기를 보여준다는 걸 깨달을 수 있었다.

이 쥬롱 새 공원에는 멸종위기에 있는 새 12종을 비롯하여 600종 9천 마리의 새들이 자유롭게 서식하고 있다고 했다. 쥬롱 새 공원은 새들의 천국이었다. 그러나 문득 미국에서 보았던 인디언보호구역이 떠오르는 건 무슨 연유일까?

이어서 싱가포르 국립식물원을 둘러본 뒤 40분쯤 버스를 타고 국경을 건너 말레이시아 조호바로로 이동하였다. 그곳에서 말레이시아 민속공연을 관람하고 회교사원을 구경한 뒤 다시 싱가포르로 돌아왔다.

이튿날 우리 일행은 약 2시간 동안 싱가포르 시내관광에 나섰다. 머라이언 파크에서신축중인 거대한 빌딩을 배경으로 사진을 찍었다. 지면에서 최고 52도 기울어져 '21세기 건축의 기적'이라 불리는 싱가포르 마리나 베이 샌즈호텔이 착공된 지 2년여 만에 완공되었다. 뉴욕의 자유의 여신상, 파리의 에펠탑, 런던의 타워브리지, 시드니의 오페라하우스 등과 어깨를 나란히 할 싱가포르의 세계적인 랜드마크 건축물이 하나 더 추가된 셈이다.

이 빌딩은 우리나라 쌍용건설이 시공했는데 이 빌딩의 오픈 행사에는 여러 나라에서 취재기자만 무려 1,200여 명이 몰려들었다고 한다. 이 빌딩은 21세기 피사의 사탑이라고 부른다던가?

이 호텔은 지하3층, 지상55층에 3개 동의 객실 2,561개를 갖추고 있다. 지상에서 최고 52도 기울어져 올라가는 동쪽건물이 지상 70미터(23층)에서 서쪽 건물과 연결돼 55층까지 올라가는 들 입자(入)형 구조로, 현존하거나 설계 · 시공 중인 세계 건축물 가운데 최고 난이도로 평가받고 있다는 것이다. 52도의 건물 기울기는 '피사의 사탑' 기울기(5.5도)의 10배에 가깝다. 또 호텔 3개 동의 옥상을 연결하여 축구장 2개 규모의 거대한 공원을 만든 것도 특징이란다.

건물을 저렇게 삐딱하게 짓다가는 곧 무너질 것이라고 비아냥거리던 싱가포르 사람들이 지금은 역시 한국 건설업체가 최고라며 손가락을 치켜세운다고 한다. 이 공사비는 6억 8천 6백만 달러, 우리나라 돈으로 약 9천억 원이니 우리나라의 해외건축물 수주사상 최대 규모라고 한다. 얼마나 자랑스럽고 뿌듯한 일인가? 싱가포르에서는 우리나라의 주가가 날로 치솟는 것 같아 흐뭇하기 이를 데 없었다. 내가 한국 사람이라는 게 무척이나 자랑스러웠다.

Chapter 12

태국 여행기

태국-라오스-미얀마

미세먼지 없는 나라, 태국

미얀마의 황금사원

태국과 형제의 나라, 라오스

마사지의 나라, 태국

미세먼지 없는 나라, 태국

—태국 여행기 ①

미세먼지가 없는 태국의 하늘은 맑고 푸르렀다. 옛날 우리나라의 가을하늘 같았다. 오랜 세월 잊고 살았던 '천고마비天高馬肥의 계절, 가을'이란 말이 떠올랐다. 태국은 중국과 붙어 있는 나라인데 왜 미세먼지가 날아오지 않는지 궁금하여 가이드에게 물어 보았다. 태국과 중국 사이엔 큰 산이 가로막고 있어서 바람이 태국으로 불어오지 않기 때문이라고 했다. 태국은 참으로 복 받은 나라구나 싶었다. 태국은 지금까지 한 번도 외국의 침략을 받아보지 않은 나라라고 했던 가이드의 설명이 떠올랐다.

5박6일 일정으로 태국을 비롯하여 라오스와 미안마를 찾는 이번 동남아 여행은 나를 설레게 했다. 이미 베트남과 싱가포르, 말레이시아를 가보았지만, 아직도 상감마마가 있는 입헌군주국 태국은 간 적이 없어서 꼭 가보고 싶은 매력적인 나라였다.

3 · 1운동 100주년이 되는 2019년 3월 1일, 오후 6시 5분쯤 인천

국제공항을 떠나 태국 치앙마이국제공항으로 가는 대한항공 KE667편 43C석에 자리를 잡았다. 그 비행기에는 우리 일행 17명 외에도 골프채를 싣고 떠나는 한국인 골프 마니아들이 많이 동승했다. 인천국제공항에서 보면 동남아 여러 나라로 떠나는 골프 여행객들이 많이 눈에 띄어 우리나라의 경제가 어렵다는 말이 엄살처럼 생각되었다.

우리나라와 태국은 시차가 2시간이다. 치앙마이국제공항에 도착하여 현지 가이드를 만나면서 바로 손목시계의 시침을 두 시간 뒤로 돌렸다. 하긴 내 친구 유응교 시인도 지난겨울 한 달 동안이나 태국에 머물며 부부동반 골프여행을 하고 왔다고 했었다. 골프 마니아들 중에는 해마다 동남아로 골프여행을 다녀오는 사람들이 많다고 한다. 그런 이야기를 들을 때마다 부럽기 짝이 없었다.

인천국제공항을 이륙한 대한항공은 6시간 만에 치앙마이국제공항에 도착했다. 우리는 가이드가 안내하는 버스를 타고 가서 홀리데이인 호텔(Holiday inn Hotel)에 여장을 풀었다.

호텔 방에 들어가니 룸메이트가 이상선 씨로 바뀌었다. 일행 17명 가운데 유일하게 안면이 있는 이상선 씨는 2017년 러시아 연해주 여행을 함께 했던 인연이 있었다. 그 때문에 나의 룸메이트가 된 것이다. 샤워를 하고 텔레비전을 켰다. 채널을 돌려도 태국어 방송만 나오니 알아들을 수가 없었다. 계속 채널을 돌려 보았다. YTN월드채널이 잡혔다. 한국어로 한국뉴스를 보니 횡재를 한 기분이었다. 또 채널을 돌려보니 아리랑TV도 보였다. 다른 나라에서는 KBS월드가 보였는데 이 호텔에서는 찾을 수 없어 아쉬웠다.

이튿날부터 본격적인 태국여행이 시작되었다. 치앙마이는 트레킹(Trekking) 때문에 많은 관광객들이 찾는 곳이다. 우리 역시 마찬가지다. 오전에는 코끼리 공원을 찾았다. 태국의 농경사회 모습을 엿볼 수 있는 우마차를 타고 코끼리캠프로 귀환하여 대나무뗏목을 타고 매땡강 탐사에 나섰다. 관광객을 여덟 명씩 태우고 태국 젊은이 두 사람이 앞뒤에서 긴 장대로 강바닥을 짚고 힘껏 밀었다. 뗏목이 앞으로 흘러갔다. 강폭이나 깊이는 전주천이나 비슷했는데 물빛은 흙탕물이었다. 푸르스름한 코끼리똥이 즐비했다. 뗏목을 타고 가면서 보니 강가에서 간간이 열대과일을 파는 이들이 눈에 띄었다. 뗏목에서 내려 우마차를 타고 출발지점으로 돌아와 두 사람씩 코끼리를 탔다. 나와 내 룸메이트를 태운 코끼리는 우리의 몸무게가 무거웠는지 강물 건너편 산길로 올라가면서 등을 씰룩씰룩 흔들어 대는 바람에 허리가 아팠다. 수고한 코끼리에게 줄 바나나를 한 소쿠리 사오지 않은 것을 눈치 챈 것 같아 마음이 뜨끔했다. 코끼리 투어를 마친 뒤 코끼리 쇼를 보러 갔다.

관광객들 앞에서 코끼리 11마리가 그 동안 배운 묘기를 선보였다. 그 큰 발로 공을 차는 코끼리가 축구의 페널티킥을 선보이고, 농구실력도 보여주었다. 코끼리가 화가로 변신하여 눈길을 끌었다. 앞에 캔버스를 세워놓고 코끼리 조련사가 색깔을 묻힌 붓을 코에 꽂아주면 하얀 캔버스에 그림을 그렸다. 나무와 아름다운 꽃을 그렸다. 관광객들의 박수가 쏟아졌다. 그러면 코끼리는 머리를 숙여 감사인사를 했다. 그 코끼리 화가는 언제, 누구에게 그림 그리는 법을 배웠을까? 코끼리가 그린 그림을 하얀 티셔츠에 옮겨서 기념품으로 만들어 팔고 다니기도 했다.

오후엔 태국 최고의 불교 예술가인 차름 차이 교수의 백색사원 왓 렁쿤을 둘러보았다. 거의 모든 불상이나 사찰이 황금색인데 이 사찰은 흰색이어서 우리의 눈을 사로잡았다. 이 백색사원 이 구석 저 구석에서 서로 사진을 찍어주며 우리는 추억의 앨범을 만들었다.

오늘의 관광 하이라이트는 전통 마사지였다. 이층 건물이 온통 안마를 받는 곳이었다. 건물 1층에서 양말을 벗어 신발 속에 넣어두고 안마사를 따라가면 줄지어 펼쳐진 매트리스가 나왔다. 한 방에 여덟 개의 매트리스가 펼쳐져 있었다. 그곳에서 안마사가 건네주는 옷으로 갈아입고 자리에 누우면 안마는 시작되었다. 발부터 머리까지 무려 2시간이나 온몸을 구석구석 마사지를 해주었다. 때로는 아프고 힘들어도 안마사에게 그대로 맡길 수밖에 없었다. 마사지가 끝나고 나면 몸이 가볍고 개운해졌다. 이래서 안마를 받는 모양이다. 안마가 발달한 태국은 가정주부들에게 마사지기술을 가르쳐서 새로운 소득원으로 활용하는 것 같았다. 2시간이나 안마를 하면서 게으름이나 요령을 피우지 않았다. 나름대로 정성을 다하여 마사지를 하니 절로 고마운 마음이 들었다. 처음으로 받아본 태국 마사지는 나를 2시간 동안 행복하게 해주었다.

(2019. 3. 12.)

미얀마의 황금사원

—태국 여행기 ②

미얀마는 언젠가 꼭 가보고 싶은 나라였다. 미얀마를 버마라 부를 때부터 가보고 싶었다. 나라 이름이 바뀌고 아웅산 수지라는 여성이 정치 일선에서 이름을 날리고 노벨 평화상을 받으면서 더 나의 관심을 끌었다. 그뿐이 아니다. 1983년 10월 9일 미얀마를 방문한 전두환 대통령이 아웅산국립묘지를 방문했을 때 북한 공작원의 테러가 발생했었다. 당시 대통령을 수행했던 장차관, 수석비서관, 대사, 대통령 주치의, 기자 등 17명이 목숨을 잃었다. 지금은 그 아웅산 장군 묘지 오른쪽에 '대한민국 순국 사절 추모비'가 세워져 있다. 그 사건이 터졌을 때 우리 국민은 얼마나 안타까워했던가?

또 전북대학교 평생교육원에서 수필공부를 했던 조명택 수필가가 2006년에 미얀마의 수도 양곤으로 가서 선교사로 활동하고 있기에, 언젠가는 꼭 한 번 그 나라에 가보고 싶었다. 그 조 선교사가 가끔 보내주는 메일을 보면 우물을 파주거나, 교회를 세우고, 유치원을 건립하며, 고아원과 양로원을 운영하는 등 활발한 선교활동을 벌이는 모습을 보면서 그 열정이 어디서 나오는지 궁금하기 짝이 없었다. 그뿐이 아니다. 시설이 미비한 학교에 책걸상을 만들어 주고, 텔레비전과 정수기 그리고 도서와 성경도 기증하는 등 활발하게 선교활동을 한다는 이야기를 들었다. 조 선교사는 한글학원과 컴퓨터교실 운영, 학원사역, 빈민가사역, 돼지나 소, 염소 등 가축분양, 한국유학 알선 등 상상 이상으로 폭넓은 활동을 펼치고 있다. 조 선교사가 불교의 나라 미얀마에 뿌린 기독교의 씨앗이 머지않아 싹이 트고 자라서 미얀마에 울창한 기독교 숲이 이루어지리라 믿는다.

조명택 선교사는 첫수필집 『섬김의 향기』에 이어 2014년 8월 30일, 『내가 살아야 하는 진짜 이유』란 제목의 두 번째 수필집을 출간했다. 그 수필집을 보고 어려운 여건 속에서도 미얀마에서 혈혈단신 선교사로서 봉사활동을 하는 이유를 알 수 있었다. 수필집 화보를 보니 그의 활동상이 그대로 드러났다. 바쁜 그 와중에도 미얀마 말을 익혀서 양곤외국어대학교를 졸업했다. 그러니 내가 얼마나 미얀마에 가보고 싶겠는가?

불교의 나라인 미얀마에서 기독교 선교활동을 한다는 게 결코 쉬운 일은 아닐 것이다. 조 선교사는 이따금 귀국하면 그가 우리나라로 유학을 보낸 제자들을 순방하면서 어려움을 해결해 주고, 용기를 불어넣어 주기를 게을리 하지 않는다. 대단한 열정이 아닐 수 없다. 미얀마에 뼈를 묻고 싶다는 조명택 선교사는 늘 나를 감동시키기에 충분하다.

그래서 나는 3월 1일부터 6일까지 5박6일 동안 태국과 라오스, 미얀마 여행기회가 와서 선뜻 참가하게 되었던 것이다. 그 일정을 보고 나는 당연히 라오스나 미얀마에서도 하룻밤쯤 머물며 관광을 할 줄 알았다. 그런데 나중에 보니 잠은 모두 태국에서 자도록 설계되어 있었다. 얼마나 실망했겠는가?

태국관광 셋째 날, 우리 일행은 미얀마 황금사원을 방문하게 되었다. 꿈에 그리던 미얀마 땅을 밟을 수 있었다. 태국 치앙라이에서 1시간쯤 버스를 타고 가니 미얀마 국경도시인 타킬렉에 닿았다. 버스는 태국에 남겨두고 미얀마 입국수속을 간단히 마치고 미니트럭을 개조한 8인승 쏭태우를 타고 황금사원으로 달렸다. 우리나라의 승용차형 택시와는 전혀 달랐다. 모든 택시는 반 트럭으로서 짐칸 양쪽에 4명씩 8명이 탈 수 있도록 의자가 마련되어 있었다. 모든 사람들이 그 차를 택시라며 이용하고 있었다.

나는 가이드에게 양곤에서 이 황금사원까지는 얼마나 먼 거리냐고 물으니 750km쯤 될 것이라고 했다. 전주에서 개성 정도의 거리가 아닌가? 나는 미얀마 땅을 밟았지만 조 선교사의 목소리도 듣지 못하고 말았다. 아쉽기 짝이 없었다.

황금사원에 이르러 사원의 불상을 보니 온통 황금색으로 도색되어 있어서 눈이 부셨다. 그 외모도 무척이나 웅장했다. 입구에서 신발을 벗고 불상 정면 쪽으로 걸어가려고 했는데, 입구에는 양산을 펼쳐든 소년소녀들이 많이 모여 있었다. 황금사원을 찾는 관광객들에게 한 사람씩 붙어서 양산을 펼쳐서 햇볕을 가려주고 1달러씩 받는다고 했다. 햇볕이 따가운 낮이어서 그런 서비스를 하는 것 같았다. 어떤 이는 싫다고 거절하기도 했다. 나에게는 초등학교 상급생쯤으로 보이는 소년이 달라붙었다. 그 소년은 한국말을 조금 할 줄 알았다. 그날은 일요일이어서 아르바이트를 하러 왔다고 했다. 나는 그 소년에게 한국어 공부를 열심히 해서 한국으로 유학을 오라고 덕담을 건네주었다. 그런 뒤 2달러를 주었다. 1달러만 주어도 고마울 텐데 2달러나 주었으니 그 소년은 얼마나 기뻤을까? 그 소년과 사진도 몇 장 찍고 헤어졌다. 나는 그 소년이 미얀마의 큰 인물이 되기를 빌었다. 황금사원을 두루 구경하고 다시 태국으로 나왔다. 이제 라오스로 간다고 한다. 황금의 삼각지대 골든 트라이앵글로 이동하게 되었다. 나로선 하루에 세 개 나라를 돌아다니는 신기록을 세우게 된 날이다.

태국과 형제의 나라, 라오스

—태국 여행기 ③

태국의 북부 치앙마이에서 출발한 지 3시간 만에 치앙라이의 랜드마크 중 하나인 백색사원에 도착했다. 황금색 불상과 사원만을 보다가 백색사원을 만나니 기분이 묘했다. 백색사원의 건물이며 탑들이 온통 하얀색 일색이었다. 파란 하늘과 하얀 건물이 잘 어우러져 몹시도 산뜻했다. 무척이나 고급스러워 보였다.

이 백색사원은 태국의 아티스트 찰름 차이가 설계하여 1997년부터 공사를 시작한 건축물이라고 했다. 찰름 차이는 부처의 순수를 흰색으로 표현했으며, 본당으로 가는 둥근 다리는 불교의 윤회사상을 뜻한다고 했다. 지붕위의 코끼리와 나가, 백조, 사자 등 네 마리의 동물은 지구와 물, 바람, 불을 상징한다는 것이다. 또 아우성치는 듯 손을 휘젓고, 죽은 듯 무표정한 사람의 얼굴 등은 기괴하기 짝이 없어 마치 아비규환의 지옥을 상징하는 것 같았다. 다리 위의 건물은 바로 극락을 의미하는 본당이다.

눈부시게 하얀 사원은 아주 정교하고 섬세하게 만들어져 몹시도 아름다웠다. 이 백색사원을 지은 찰름 차이는 개인 돈으로 이 사원을 지었다는데, 앞으로도 계속 조금씩 짓는다고 하니, 태국에 갈 때마다 이 사원을 찾아보면 자꾸 달라지는 백색사원의 모습을 감상할 수 있을 것 같다.

이 백색사원 한쪽에 세워진 허원비許愿碑는 비록 내용은 자세히 알 수 없지만 관광객들의 눈길을 끌 것 같았다. 백색사원을 찾는 관광객들이 물밀 듯이 밀려오고 있어서 사진 한 컷 찍는데도 어려움이 따랐다.

불교의 나라를 둘러보니 안경 낀 관광객은 많은데, 어느 나라를 가더라도 안경 낀 불상은 하나도 볼 수 없었다. 관광객들은 가는 곳마다 불상 앞에서 두 손을 모으고 머리를 조아리며 기도를 하고, 향로에 향불을 피우는 이들이 많이 눈에 띄었다. 대를 이어 전해온 불심佛心을 엿볼 수 있었다.

백색사원을 둘러본 뒤 태국과 형제의 나라라는 라오스로 갔다. 황금의 삼각지대 골든트라이앵글은 미얀마, 태국, 라오스를 한 눈에 볼 수 있는 곳이다. 그곳에서 바라본 세 나라의 모습은, 지도상으로는 세 나라지만, 우리의 눈엔 한 나라나 다를 바 없어 보였다. 우리는 메콩강에서 모두 안전조끼를 입고 롱테일 보트를 탔다. 우리 일행 17명을 태운 보트는 황토색 메콩강 강물을 헤치고 신나게 미끄러져 갔다. 여러 대의 보트가 달리다 보니 마치 보트 경주를 하는 것 같았다.

보트에서 내려 라오스 돈사오성 국경마을을 둘러보았다. 또 타킬렉시장을 구경하다가 까무잡잡한 라오스 맥주를 마셨다. 그 라오스 맥주는 우리나라 맥주와 달라서 더 마시고 싶지 않았다.

카렌족 마을에 줄지어 늘어선 시장을 구경했다. 상점마다 비슷비슷한 상품들을 팔고 있었다. 어떤 상점에서는 여인들이 직접 베를 짜고 있기도 했다. 이 마을 여성들은 목을 길게 늘이려는 듯 누리끼한 쇠줄로 목을 칭칭 감고 있었다. 보기엔 무척 불편할 것 같은데 그녀들은 아무렇지도 않은 것 같은 표정이었다.

나의 룸메이트 이상선 씨는 이곳에서도 여러 가지 상품을 샀다. 아들이 특별히 부탁한 것이라고 얼버무렸다. 그는 확실히 쇼핑의 명수였다. 들르는 곳마다 무언가 물건을 샀다. 어디선가는 3만 원짜리 짝퉁시계를 사서 왼쪽 팔목에 차고 다녀 웃음을 자아냈다.

라오스 관광을 마친 우리는 다시 버스를 타고 태국의 치앙마이로 돌아와 또 2시간 동안 전통 마사지를 받았다. 따뜻한 물로 발을 깨끗이 씻겨주고 시작한 마사지는 피로를 풀어주는데 그만이었다. 날마다 받는 마사지라서 그런지 이번 태국여행은 마사지를 받으러 온 여행 같다는 생각이 들었다. 저녁 식사 시간에는 한국식당에서 태국산 돼지 삼겹살과 상추를 안주 삼아 한국산 소주를 곁들이니 기분이 참 좋았다. 비록 외국에 나왔지만 내 입맛은 한국에 있을 때나 다르지 않았다.

마사지의 나라, 태국

—태국 여행기 ④

5박 6일의 태국여행은 마사지만 받다가 떠나는 것 같은 느낌이다. 나흘 동안이나 날마다 2시간씩 마사지를 받았으니 말이다. 또 태국에서 나흘 밤을 잤는데 사흘 밤이나 Holiday inn Hotel에서 잤다. 관광객 본위가 아니라 여행사 위주로 일정을 짠 탓이다.

태국의 3대 폭포라는 와치라탄폭포를 보고 국왕과 왕비의 장수 기원탑을 구경했다. 왕과 왕비의 탑이 따로 세워져 있었다. 그들은 생전에 사이가 좋지 않아서 이렇게 탑을 분리해 놓은 것일까, 별별 생각이 다 들었다. 이렇게 거대한 탑을 두 개나 만들지 말고 하나의 탑에 왕과 왕비 부부를 모시면 예산도 절감되고 보기에도 좋지 않을까 싶었다. 그날따라 높은 뾰죽 탑을 물로 청소하느라고 일꾼들은 땀을 뻘뻘 흘리고 있었다.

마지막 날 오전엔 부처님 진신사리가 모셔진 산상의 사원 도이수텝을 둘러보고, 역대 란나왕조의 납골탑을 모셔놓은 수완득사원도 구경했다. 또 세계 최고의 수질을 자랑한다는 산캄팽 룽아룬 온천에서 온천욕을 했다. 온천은 시설이 낡아 온천기분이 들지 않았다. 온천탕은 모두 1인용이었는데 우리나라의 시골 목욕탕 수준도 되지 않았다. 이런 온천탕을 세계 최고의 온천이라며 외국 관광객들에게 소개하다니, 알다가도 모를 일이었다. 일본 홋카이도에서 체험한 야외 온천탕과 대중탕이 그리웠다.

마을 사람들이 우산을 만들어 파는 우산공예방을 찾았다. 그곳에 비하면 전주의 우산공방은 한 수 위가 분명했다. 우산의 모양새나 색상 그리고 제품의 질이 전주산 우산을 따라올 수 없을 것 같았다.

오후에는 한국인들이 경영하는 몇 군데 판매장을 돌아다니며 쇼핑을 하고, 또 네 번째 마사지를 받으러 갔다. 태국에서 마사지는 기업이나 다를 바 없었다. 치앙마이에서 받은 마사지는 네 번 모두 다른 업소를 찾았다. 그러니 태국의 수도 방콕을 비롯한 유명 관광지도 마찬가지로 마사지가 성행할 게 아니겠는가?

저녁식사를 한 뒤 귀국 비행기 출발시간까지 너무 여유가 있어서 그런지 예정에 없던 뮤지칼 극장으로 안내되었다. 우리가 감상할 작품은 〈MIracle(기적)〉이었다. 예쁜 남녀 성악가들이 화려한 무대복 차림으로 아름다운 노래와 율동을 선보여 주었다. 화려한 공연이어서 그런지 객석은 빈틈없이 관광객으로 들어찼다.

마지막 장면이 몹시도 극적이었다. 어떤 미녀 출연자가 객석으로 내려와 하필 나를 지목하더니 무대로 안내하여 의자에 앉히고 미희들이 나를 빙 둘러쌌다. 어떤 무희는 내 안경을 벗기고 눈가리개를 씌우더니 나를 감싸 안으며 비벼대는 게 아닌가? 객석에서는 우레 같은 박수가 터져 나왔다. 나는 멋쩍은 표정으로 내 자리로 돌아올 수밖에 없었다.

옛날 생각이 떠올랐다. 회갑기념으로 일본 후쿠오카에 갔을 때였다. 북해도 민속촌에 들렀다가 연극을 보게 되었는데, 그 연극에서는 남자 주인공 한 사람을 객석에서 뽑아서 활용하게 되어 있었다. 그 자리에서도 내가 지명되어 무대로 올라가니 주인공 옷을 입히고 부채를 하나 건네주었다. 그 부채에는 내가 연극에서 해야 할 대사가 적혀 있었다. 그렇게 해서 나는 예기치 않게 일본에서 연극배우로 데뷔한 적이 있었다.

치앙마이국제공항에서 밤 11시 15분에 출발하는 대한항공 KE668호에 올라 55D에 앉았다. 귀국한다니 기분이 좋았다. 조용히 눈을 감고 인천국제공항을 출발할 때부터 회상해 보았다. 한두 번 출국한 게 아니지만 이번에는 내 지문指紋이 제대로 찍히지 않아 어려움을 겪었다. 남들처럼 심하게 일을 한 것도 아닌데 내 손가락의 지문이 왜 제대로 찍히지 않을까, 알다가도 모를 일이다. 동행자들에게 그런 이야기를 했더니, 늙으면 지문도 지워진다고 했다. 그래서 나는 내 두 손을 펼쳐놓고 지문을 바라보았다. 역시 손바닥의 지문은 잘 보이지 않았다. 역시 늙었다는 사실을 인정하지 않을 수 없었다. 나이가 들면 손바닥의 지문이 사라진다는 사실을 알게 되었다. 새로운 발견이었다.

Chapter 13

북한 여행기

개성, 금강산

송도삼절을 만나러 박연폭포를 찾았더니

맛의 도시, 개성

하여가何如歌 & 단심가丹心歌

지족선사 · 화담 서경덕 그리고 황진이

수줍어 말 못하는 금강산이

송도삼절을 만나러 박연폭포를 찾았더니

—500년 고려의 수도 개성 방문기 ①

서울에서 개성까지는 고작 70킬로미터, 1시간 30분이면 너끈히 달려갈 수 있는 가까운 거리다. 초등학교 때부터 역사시간에 귀가 아프도록 들었던 고려의 도읍 개성, '왕건' 등 대하드라마나 영화 또는 소설에서 눈이 아프도록 보았던 왕도 개성, 그 가까운 개성을 찾아가는데 너무나도 오랜 세월이 흘렀다. 삼천리금수강산의 허리가 두 동강으로 잘린 뒤 갈 수 없던 북녘 땅. 그 북녘이 금강산에 이어 슬며시 개성의 문을 열자, 우리는 얼마나 환호작약했던가?

2008년 8월 12일, 난생 처음 개성을 찾아가던 그날은 새벽부터 비가 주룩주룩 내리고 있었다. 남녘에도 북녘에도 삼천리금수강산 구석구석에도 비가 쏟아지고 있었다. 기쁨의 눈물이자 감격의 눈물이 아니었을까?

송도삼절을 만나러 5백년 고려도읍지 개성을 찾아가는 날, 새벽 2시 전주를 출발한 관광버스는 전북의 문인 17명을 태우고 북쪽으로

북쪽으로 달리고 또 달렸다. 남과 북이 하나의 조국을 세워야 한다는 뜻을 품고 38선을 넘었던 백범 김구 선생을 떠올리며 나도 북으로 가고 있었다.

차창 밖은 짙은 어둠에 싸여서 아무것도 보이지 않았다. 빗물이 끊임없이 차창을 두드리는 건 마치 통일의 문을 노크하는 우리 겨레의 마음을 대변하는 것 같았다. 개성에 간다는 설렘으로 어젯밤 잠을 설쳤지만 전혀 피곤하지도 않았다.

도라산 남측 출입국사무소[CIQ]에서 수속을 마치고 대원관광 7호차에 타고 군사분계선을 지나 북측 출입사무소에 도착하여 또 수속을 밟았다. 외국 여행 때 공항에서 겪었던 입국심사나 다를 바 없었다. 그곳에 들어서자 귀에 익은 '반갑습니다'란 북한노래가 은은히 흘러나오고 있었다. 북측 안내원 3명이 우리 버스에 올랐다. 리춘성 안내원이 마이크를 잡더니 반갑게 인사를 하고 개성의 유래를 설명해 주었다. 다른 두 안내원은 이름조차 밝히지 않은 채 얌전히 앉아 있었다.

우리를 태운 버스가 개성시내로 접어들었다. 개성의 들녘은 남녘이나 마찬가지로 짙은 초록빛 물감을 뿌려놓았다. 논에서는 벼가 익어가고, 척박한 밭에서는 영양실조로 키가 자라지 않은 난쟁이 옥수수들이 즐비했다. 저 옥수수들이 잘 여물어야 북한 동포들의 배고픔이 줄어들 텐데…. 저러니 우리가 비료를 보내주어야겠구나 싶었다. 개성은 인삼의 고장이기에 인삼밭이 많을 줄 알았는데 꼭 한 군데서밖에 보지 못했다. 차창 밖의 단독주택이나 아파트는 대부분 시멘트

건물인데 오랫동안 도색을 하지 않아 우중충해 보였고, 거리에서는 자전거를 타고 다니는 남녀시민들이 자주 눈에 띄었다.

개성의 송악산은 고려 태조 왕건을 품어서 키운 명산이다. 옛날 판문점에서 개성을 바라보니 이 송악산의 모습은 톱날 같았는데 막상 개성에서 그 산을 바라보니 바위가 듬성듬성 드러난 민둥산이었다.

개성에서 처음 찾은 곳은 그 이름도 유명한 박연폭포. 개성시 북쪽 16킬로미터 지점에 있는 천마산과 성거산 사이의 웅장한 화강암 암벽에서는 하얀 무명베 같은 폭포가 쏟아져 내리고 있었다. 높이가 37m요 너비가 8m라는 박연폭포는 비가 꽤나 내렸는데도 그렇게 웅장해 보이지 않았다. 이 박연폭포는 금강산의 구룡폭포, 설악산의 대승폭포와 더불어 우리나라 3대 폭포라는데 내가 보기에는 내변산의 직소폭포와 우열을 가리기조차 어려울 것 같았다.

박연(朴淵)은 폭포 위쪽에 있는 직경 8m의 바가지 모양으로 패인 연못인데, 이 연못에 담겼다가 떨어지는 물이 바로 박연폭포다. 폭포가 떨어지는 바로 밑에는 고모담이라는 큰못이 있고, 그 동쪽 언덕에는 폭포의 절경을 감상하기 좋은 범사정이라는 정자가 세워져 있으며, 서쪽에는 용바위라는 둥근 바위가 못 속에서 윗부분만 드러내고 있었다. 그런데 이 용바위에는 황진이가 폭포의 절경에 감탄해 머리를 붓 삼아 썼다고 알려진 글씨가 새겨져 있었다. 이 박연폭포 주위에는 봄이면 진달래, 여름에는 우거진 녹음, 가을엔 단풍, 겨울엔 설경 등 철따라 변하는 모습이 아주 일품이라고 한다.

이 폭포 위에는 고려 때 쌓은 둘레 약 10km의 대흥산성大興山城과 함께 북측의 국보문화유물 125호로 지정된 관음사가 있다. 그러나 비가 많이 내려 관음사 가는 길이 망가져서 대흥산성만 둘러보고 내려와야 했다. 어서 오라며, 잘 왔다며 목이 쉬도록 환영의 노래를 불러주는 매미들이 참으로 고마웠다. 북녘의 매미소리는 남녘의 매미소리나 다를 바 없었다.

송도삼절을 만나러 개성에 들렀더니 가냘픈 박연폭포의 물소리뿐 황진이의 거문고 소리나 화담 서경덕의 시조가락을 들을 수 없어 아쉬웠다. 언젠가 통일이 된 뒤에는 이 골짜기를 송도삼절의 풍류체험장으로 만들면 좋겠다는 생각을 가슴에 품은 채 자리를 뜨고 말았다.

(2008. 8. 18.)

맛의 도시, 개성

—500년 고려의 수도 개성 방문기 ②

고려왕조 5백년의 도읍지인 개성開城은 역사가 깊은 만큼 그 이름도 다양하다. 송악松嶽, 송도松都, 개경開京, 그리고 개주開州라고도 불렀다. 고려 태조 왕건이 919년(태조 2년) 이곳에 왕경을 정하고, 궁궐을 지었으며, 방리坊里를 5부五部로 나누었다. 개성군과 송악군을 합쳐서 개주開州로 명명했는데 960년(성종 6년)에는 이름을 개경開京으로 고쳤다고 역사는 기록하고 있다.

한 나라가 5백년을 이어온다는 것은 동서고금의 역사를 굽어보더라도 대단히 자랑스러운 일이 아닐 수 없다. 세계적으로도 그 유례를 찾아보기 어려운 게 현실이다. 한 나라의 수도란 그 나라의 정치, 경제, 사회, 문화, 군사, 예술, 학문의 중심지를 뜻한다. 5백 년 동안이나 수도로서의 지위를 누려왔으니 개성이 다른 도시에 비해서 삶의 질이 더 높았을 것이다. 역사와 전통을 자랑하는 도시인데 어찌 개성의 음식이 유명하지 않으랴.

예로부터 개성음식은 재료가 다양하고, 손이 많이 가며, 매우 화려했다고 한다. 개성은 원래 바다와 강 그리고 들녘과 산을 모두 아우르는 고장이어서 그만큼 먹을거리가 풍부했던 곳이다. 다양하고 맛깔스런 개성음식은 놋그릇에 담아야 제 맛과 품격을 느낄 수 있다. 남녘에서는 놋그릇이 거의 사라져 버렸지만 북녘 땅 개성에서는 아직도 고급식당에서 13첩 반상기가 사용되고 있어 반가웠다.

2008년 8월 12일 점심 때, 내가 찾은 곳은 개성시 남대문 뒤쪽 지남산 입구에 있는 통일관. 개성의 전통음식을 제대로 맛볼 수 있는 유명한 식당이다. 한 번에 5백 명을 수용할 수 있는 대형민속요리식당이다. 고운 한복차림의 북측 봉사원이 봉사를 해 주니 나는 고려의 귀족이나 되는 양 품위 있게 식사를 즐길 수 있었다. 그 식당은 개성 전통음식반상기, 개성보쌈정식, 인삼닭곰탕, 개성약밥, 더덕구이, 장조림, 감자전 등 개성의 특산요리들을 맛볼 수 있는 곳이다.

나는 개성방문 나흘 전 말복 날, 전주 아중리에 있는 '개성 전통한방삼계탕 집'을 찾았었다. 손님들로 자리가 꽉 찬 그 식당에서는 나중에 도착한 손님들이 번호표를 들고 자리가 비기를 기다리고 있을 정도였다. 복날 삼계탕이 인기 보양식이라는 건 알았지만 그렇게 손님이 몰려드는 집은 처음이었다. 뒷골목에 자리 잡은 식당인데도 그렇게 손님이 밀려드는 건 '개성'이란 지명 덕인지 아니면 진짜로 '삼계탕 맛' 때문인지는 모르겠다.

우리 일행은 개성의 통일관에서 13첩 반상기에 13가지 개성 전통음식이 담긴 반상기한정식을 먹게 되었다. 그 식당에 들어서니 역시

'반갑습니다'란 북한노래가 은은히 울려 퍼지고 있었다. 그 식당의 원형 식탁에는 10명씩 앉았는데 손님 앞앞에 놋그릇에 담은 밥과 국 그리고 반찬을 삼각형으로 진열해 놓았다. 식사를 시작하기 전, 놋 술잔에 인삼주 한 잔씩을 따라주는 것도 빠뜨리지 않았다. 나는 환갑진갑 다 지낸 뒤에야 제대로 어른 대접을 받은 것 같아 무척 기분이 좋았다. 그런데 김치가 눈에 띄지 않아 왜 김치가 없느냐고 물었더니 봉사원 아가씨는 말없이 예쁜 손가락으로 '깍두기'를 가리켰다.

음식의 고장 전주에서 찾아간 사람인 줄 알았던지 봉사원의 서비스는 그런대로 융숭했다. 남녘에서 간 애주가들은 추가로 북쪽 특산주인 들쭉술 한 병을 사서 나눠 마셨다. 또 냉면을 더 주문하여 맛을 보며 남녘의 냉면 맛과 견주어 보기도 했다. 봉사원들의 말씨는 사투리여서 투박했지만 고운 한복차림 때문에 더 아름다워 보였다. 통일관에서 느긋하게 점심식사를 마치고 나니 세상에 부러울 게 없었다.

아내에게 전화를 걸어서 전주에도 비가 내리는지 물어보고, 13첩 반상기음식으로 점심식사를 했다며 자랑하고 싶었지만 핸드폰을 갖고 가지 못해 전화를 걸지 못했다. 핸드폰 때문에, 북녘 땅은 비행기를 타고 날아 간 외국보다도 더 먼 거리인 것 같았다. 개성에는 여전히 비가 내리고 있었다.

식사를 마친 뒤 후식으로 한 개에 1달러씩 받는 얼음과자 세 개를 사서 나누어 먹었다. 남녘에서 먹었던 얼음과자와 다를 바 없었다. 고려박물관을 둘러 본 뒤 시간적 여유가 있어서 쇼핑센터에서 진동

규, 최영, 소석호 시인과 함께 가게건물 밖의 간이의자에 앉아서 맥주를 마시며 사진도 찍었다. 10년 전 금강산에서는 용성맥주를 마셨는데 이번에는 대동강맥주를 마셨다. 비록 맥주병의 겉모양은 투박하게 생겼지만 비를 맞으며 마신 대동강맥주의 맛은 그런대로 괜찮았다. 잊을 수 없는 추억 하나를 더 만든 셈이라고나 할까? 이번 개성 나들이에서는 개성의 맛깔스러운 음식을 맛볼 수 있어서 참 흐뭇했다.

개성에 머무는 동안 나는 타임머신을 타고 5백여 년의 세월을 건너뛰어 고려시대로 들어간 기분이었다. 눈에 띄는 사람들만 현대인일 뿐 하늘이나 땅은 고려의 하늘이나 땅 그대로였다. 그래서 외침이 있을 때마다 네 차례나 다른 곳으로 옮겼다가 제자리로 옮겨오는 수난을 겪었다는 왕건 왕릉과 개성시 무선봉의 나지막한 산 중턱에 왕비 노국공주와 나란히 쌍릉 형식으로 묻힌 고려 제31대 공민왕릉을 참배하고 싶었지만 갈 수 없어 아쉬웠다. 언제쯤이나 가고 싶은 곳을 마음대로 찾아다닐 수 있을지, 그런 날이 어서 오기를 빌고 또 빌었다.

(2008. 8. 18.)

하여가何如歌 & 단심가丹心歌

—500년 고려의 수도 개성 방문기 ③

此亦何如彼亦何如(차역하여피역하여)
城隍堂後垣頹落亦何如(성황당후원퇴락역하여)
我輩若此爲不死亦何如(아배약차위불사역하여)

이런들 어떠하며 저런들 어떠하리
만수산 드렁 칡이 얽혀진들 어떠하리
우리도 이같이 하여 백년까지 누리리라

— 이방원의 하여가何如歌

此身死了死了一百番更死了(차신사료사료일백번갱사료)
白骨爲塵土魂魄有無也(백골위진토혼백유무야)
鄕主一片丹心寧有改理歟(향주일편단심유개리여)

이 몸이 죽고 죽어 일백 번 고쳐죽어
백골이 진토 되어 넋이라도 있고 없고

임 향한 일편단심이야 가실 줄이 있으랴

—정몽주의 단심가丹心歌

어느 신문의 신춘문예나 백일장 시조부문 최종심에 이 두 작품이 올라왔다면 심사위원들은 어떤 작품을 당선작이나 장원으로 뽑을까? '하여가'와 '단심가'를 읽을 때마다 나는 그런 생각을 하며 혼자 빙긋이 웃는다.

사실 '단심가'없는 '하여가'나 '하여가'없는 '단심가'는 독자의 눈길을 끌지도 못할 것이고, 의미도 없을 것이다. 용호상박의 맞수, 역사의 라이벌이 상대의 심중을 헤아려 보려고 이런 시조를 읊었으리라. 두 작품이 장이야 멍이야 식으로 맞물려 있기에 우리의 관심을 끌게 된 것도 사실이다. 우리 조상들은 죽거나 죽여야 하는 정적끼리도 이처럼 멋진 승부를 겨뤘던 것이다.

칼잡이 이방원은 1367년생이고 붓잡이 정몽주는 1337년생이니 정몽주보다 이방원이 30년이나 후배다. 그런데 칼잡이 이방원이 붓잡이 정몽주 못지않게 멋진 '하여가'란 시조를 지었다는 사실은 놀라운 일이 아닐 수 없다. 정몽주를 만나 회유할 때 활용하려고 이방원 스스로 이 시조를 짓는데 몇날 며칠이나 걸렸고 또 얼마나 오래 다듬고 다듬었을까? 포은 정몽주는 원래 유명한 선비이니 '하여가'를 듣고 그 자리에서 즉흥시로 '단심가'를 읊은 게 아닐까? 이 시조를 읊고 집으로 돌아가다가 선죽교에서 이방원이 딸려 보낸 조영규趙英珪의 철퇴를 맞고 피를 흘리며 눈을 감았다고 역사는 전해준다. 그렇다면 정몽주의 '단심가'를 그때 누가 기록하여 보존했기에 이렇게 6백년 세월이 지난 지금까지도 우리가 읽을 수 있게 되었을까?

2008년 8월 12일, 새벽잠을 설쳐가며 빗속에 찾아간 개성, 그날 오전에는 박연폭포와 대흥산성을 둘러보고 통일관에서 푸짐하고 맛깔스런 개성요리로 점심식사를 했다. 오후에는 숭양서원과 선죽교 그리고 고려박물관을 둘러보고 돌아올 예정이었다.

먼저 숭양서원崧陽書院을 찾았다. 숭양서원은 1573년 조선 선조 6년에 고려의 학자 정몽주의 집터에 문충당이란 이름으로 세워져 정몽주와 서경덕의 위패를 모셨다. 그 뒤 조선 선조 8년에 숭양이란 사액賜額을 받아 서원으로 승격되었다고 한다. 그리고 김상헌, 김육, 조익, 우현보를 추가로 배향했다. 이 숭양서원은 대원군이 모든 서원을 철폐했을 때 남겨진 전국 47개 서원 가운데 하나일 만큼 유서 깊은 곳이다. 이 서원은 임진왜란 이전의 목조건물로 서원 건축양식의 전형적인 배치구조를 그대로 보여주고 있어서 의미가 크다고 한다.

선죽교는 바로 숭양서원 울타리 너머에 있었다. 그러고 보니 정몽주는 이성계를 문병하고 돌아오다 자기 집 근처 선죽교에서 피살당한 것이다. 원래 이 다리의 이름은 선지교善地橋였으나 정몽주가 살해된 뒤 그의 피가 얼룩진 자리에 대나무가 솟아나서 선죽교善竹橋라고 고쳐 부르게 되었다고 한다.

오랜 세월이 흐른 다음 조선왕조 정조 4년 정몽주의 후손인 개성 유수 정호인이 선죽교 옆에 다리를 세워 지금의 선죽교로 남게 되었다고 한다. 다리 동쪽에는 조선시대의 명필 한석봉이 쓴 선죽교비善竹橋碑가 있고, 다리 건너편 표충각表忠閣에는 정몽주의 충절을 기리고자 조선시대 영조와 고종이 세운 표충비도 있었다. 조선의 개국에 동참하기를 거부하고 목숨을 잃은 정몽주의 후손도 결국은 조선왕조에서 벼슬길에 나아갔으니 이걸 역사의 아이러니라고나 할까?

6백여 년의 세월이 흐른 지금 '하여가'로 유혹한 이방원이나 '단심가'로 거부의 뜻을 보였던 정몽주도 지금은 모두 백골이 진토로 변했을 것이다. 그때 정몽주가 '단심가'가 아니라 'OK하여가'로 응답했더라면 역사는 어떻게 달라졌을까? 왕조시대에는 왕씨 고려를 무너뜨리고 이씨 조선을 세우는 것이 이른바 역성혁명易姓革命이다. 하지만 충신은 두 임금을 섬기지 않는다는 게 그 시대의 불문율이었다. 그런데 지금 민주주의 나라에서는 4,5년마다 투표로 임금이나 다를 바 없는 대통령을 새로 뽑는다. 그런데도 이 시대에 왕조시대의 충절의식을 갖고 산다면 어떻게 되겠는가? 지금은 '하여가'와 '단심가'가 서로 악수를 하는 시대려니 싶다.

(2008. 8. 20.)

지족선사·화담 서경덕 그리고 황진이

—500년 고려의 수도 개성 방문기 ④

조선시대의 이름난 기생 황진이는 개성이 낳은 만능 연예인이었다. 시·서·화·창·무詩·書·畵·唱·舞는 물론 아름다운 용모에 가야금과 거문고 등 악기연주능력 그리고 음주와 손님 접대 등 뛰어난 재능과 교양을 갖춘 그 시대의 대표적인 예술인이었다. 요즘 같은 시대에 이런 연예인이 있다면 그 몸값인 출연료가 천정부지로 치솟을 것이다.

개성을 떠올리면 역사의 무덤 속에 묻힌 인물들이 줄지어 나타난다. 고려시대의 인물로는 태조 왕건을 비롯하여 최영 장군, 포은 정몽주, 신돈, 공민왕, 노국공주 등이 생각나고, 더 내려오면 지족선사와 화담 서경덕 그리고 황진이를 빼놓을 수 없다. 황진이는 그 시대 개성의 마당발이었던 것 같다. 미모와 재주를 겸비한 황진이는 많은 선비들과 교유하며 온갖 에피소드를 남겼다.

조선시대에는 인터넷이나 텔레비전 그리고 스포츠신문도 없었지만 황진이의 공격적인 남성편력은 눈부셨고, 그녀의 갖가지 일화는 5백여 년의 세월이 지난 지금까지도 우리의 흥미를 끈다. 그러기에 황진이는 휴전선을 넘나들며 남과 북에서 소설과 드라마, 영화의 주인공으로 부각되었으리라.

황진이 때문에 대표적으로 피해를 당한 사람은 바로 지족선사知足禪師라 할 수 있다. 10년 수도한 지족선사가 황진이의 눈웃음 한 번에 넘어가 파계를 했다고 사람들은 비웃는다. 하지만 지족선사야말로 너무도 인간적이고 정이 많은 스님이었던 것 같다. 죽으면 썩을 몸인데 살았을 때 자기 몸을 필요로 하는 사람에게 육보시肉普施를 하는 것도 공덕이 되려니 여겼을지도 모른다.

도道보다 본능에 충실한 지족선사가 손가락질을 받을수록 황진이의 성가는 더 높아졌을 것이다. 자기를 낮춰서 남을 높여 줄 수 있다는 것은 아무나 할 수 있는 일이 아니다. 지족선사가 아니면 불가능한 일이다. 지족선사가 황진이의 꼬임에 넘어가 파계를 했기에 우리는 '십년공부 나무아미타불'이란 교훈을 얻을 수 있게 되었다. 그것도 지족선사의 큰 공적이 아니고 무엇이겠는가? 지족선사야말로 자기의 몸과 명예마저 헌신짝처럼 버린 진짜 고승이라 하지 않을 수 없다. 지족선사야말로 통이 크고 매력만점의 사내였던 것 같다.

지족선사에 비하면 화담 서경덕은 얄밉기 짝이 없는 위인이다. 자신의 명예 하나를 지키려고 본능을 꾹꾹 눌러 참은 이기적인 선비가 바로 화담 서경덕이다. 황진이가 자기의 처소로 찾아와 유혹할 때 화담은 참느라고 얼마나 힘들었을까? 이를 악무느라고 이빨이 다 망

가졌을지도 모른다. 그때 화담의 마음속에서는 이성과 본능의 싸움이 얼마나 치열했겠는가? 황진이의 유혹을 그렇게 무참하게 거절하고도 어찌 사내대장부라 이르랴. 혹시 그때는 비아그라도 없었는데 화담의 나이가 많아서 그랬던 것은 아닐까?

그런가 하면 황진이는 참 너그러운 여인이었던 것 같다. 자기의 사랑을 받아주지 않았거나 받아주지 못했던 화담 서경덕이 몹시 얄미웠을 텐데 미워하기는커녕 오히려 화담을 스승으로 모시며 송도삼절松都三絕의 하나로 추앙해 주었으니 말이다. 그것은 어쩌면 황진이가 화담 서경덕과 박연폭포를 끌어들여 송도삼절이라 하고 더불어 인기를 끌려는 작전이 아니었을까?

2008년 8월 12일 내가 개성을 찾았을 때, 나는 화담 서경덕이나 포은 정몽주보다 사람냄새가 물씬 나는 지족선사를 더 만나보고 싶었다. 그 지족선사와 화담 서경덕을 상상의 스튜디오에 모시고 대화를 나누게 해 드렸다. 그들은 그 시대를 대표할 정도로 사회적 명성이 높았으니 서로 형님 아우님 하지는 않았어도 알고 지내던 사이였을 것이다.

지족: "화담, 왜 그렇게 황진이를 슬프게 하셨소? 너무 비신사적인 처사가 아니오?"

화담: "선사께서 파계하셨다는 소문을 들었는데 선비인 나마저 그래서야 되겠습니까?"

지족: "지금은 억불숭유抑佛崇儒의 조선시대요. 만일 불교국인 고려시대라면 나를 그렇게 매도할 수 있겠소이까?"

화담: "그게 무슨 말씀이오?"

지족: "지금은 유교의 나라이니 나를 깔아뭉개서 불교이미지까지 나쁘게 하려 한 게 아니겠소?"

화담: "그건 논리의 비약이 아닐까요?"

지족: "하하, 농담이오. 나는 황진이를 한 번 품어본 대가로 십년공부 나무아미타불이 되었지만 후회는 없소. 진이를 안아보지 못한 화담 당신은 두고두고 후회하게 될 것이오. 황진이와 당신 그리고 박연폭포를 일컬어 송도삼절松都三絕이라 한 걸 보시구려. 황진이, 그 아이가 참 영리하다고 생각지 않으시오? 사실 송도의 명물은 바로 가슴이 넓은 나 '지족선사'라고 해야 옳을 것이오. 나야말로 원하는 이에게 무엇이든지 내가 가진 것을 다 주는 불자가 아니오? 나는 요즘 몸과 마음이 얼마나 가벼운지 모른다오. 화담도 그렇게 한 번 살아보고 싶지 않으시오?"

지족선사와 화담의 대화를 엿들은 황진이는 빙긋이 미소만 지을 뿐 입을 열지 않는다. 황진이 자신의 마음을 꿰뚫은 지족선사의 설법에 고개를 끄덕거리지 않을 수 없었기 때문이다. 이제부터라도 '송도삼절'이 아니라 지족선사와 화담 서경덕 그리고 황진이를 한 덩어리로 묶어서 개성을 빛낸 '개성3걸'이라 우러러 주어야 하지 않을까?

수줍어 말 못하는 금강산이

—금강산 기행

수줍어하던 천하 명산 금강산이 반세기만에 슬며시 남녘 사람들에게 모습을 드러냈다. 옷을 활활 벗어버린 알몸도 아니고, 겨우 옷고름을 풀어헤친 정도다. 기다렸다는 듯 남녘의 필부필부들은 춘하추동 가리지 않고 금강산을 찾는다. 강원도 동해항을 출발하여 북녘의 장전항을 오가는 호화여객선 봉래 호, 금강 호, 풍악 호는 연일 관광객을 실어 나르기에 영일이 없다. 새천년 들어 금강산을 찾는 관광객들은 부산에서도 배를 탈 수가 있다. 더구나 외국인들도 금강산 구경을 할 수 있게 되었으니, 금강산 관광은 더욱 활기를 띨 수밖에.

새순이 돋고 꽃봉오리 벙그는 봄에는 금강金剛이요, 풀과 나무가 우거지는 여름에는 봉래蓬萊, 단풍이 붉게 타는 가을에는 풍악楓嶽, 기기묘묘한 바위 위에 하얀 눈이 내리는 겨울에는 개골皆骨이라며 철따라 고운 이름으로 불리는 금강산은 손님맞이에 바빠 화장할 짬도 없는 모양이다. 아니, 옷매무새를 고칠 틈조차 없는가보다.

금강산을 다녀 온 관광객들 중에는 별의 별 직종에 종사하는 이들이 많다. 학생, 공무원, 사업가, 정치가, 스포츠맨, 언론인, 예술가, 농어민, 연예인 등 참으로 다양하다. 저마다 일터나 집으로 돌아가선 금강산 자랑으로 침을 튀길 것이다. 그들 중에는 문인들도 많다. 시인묵객들에겐 금강산 나들이야말로 오랜 꿈이다. 시인은 시詩로, 수필가는 수필隨筆로 금강산의 아름다움을 작품으로 빚어 발표하고 있다. 수줍어 말 못하는 금강산이 부끄러워하지나 않을지 못내 걱정이다. 작품의 수준이 높으면 무슨 걱정이랴 만 그렇지 못한 것들이 버젓이 지면에 활자화되고 있으니 안타까울 뿐이다.

금강산에 다녀오면 누구나 작품으로 남기고 싶은 유혹을 느끼기 마련이다. 잘만 쓴다면 한두 편이 아니라 수십 편을 쓴다고 누가 탓하랴. 최남선, 이광수, 정비석 같은 문호들이야 금강산을 소재로 하여 한두 권의 책을 펴낸들 누가 뭐라 하겠는가? 그러나 그분들은 금강산이란 소재를 남용하지는 않았다. 더구나 그분들은 비록 일제 때라고는 하나 넉넉한 시간적 여유를 가지고 금강산을 둘러볼 수가 있었다. 그러나 요즘의 금강산 관광은 어떤가? 남북 분단상황일 뿐 아니라 일정도 고작 3박4일이다. 더구나 배를 타고 가는 날 오는 날을 빼고 나면, 금강산에 오를 수 있는 날은 고작 이틀뿐. 금강산은 원래 외금강과 내금강, 해금강 세 갈래로 나뉘고, 또 그 세 금강은 22개 구역 108개 동으로 나뉘어진다. 그런데 온정 구역, 만물상 구역 그리고 구룡연 구역 가운데 두 군데만 주마간산走馬看山 식으로 둘러보고 금강산에 대한 글을 쓴다는 것은 만용蠻勇이요, 금강산에 대한 모독冒

瀆이 아닐까? 나무를 보고 숲을 이야기하는 어리석음을 범하기 쉽다. 나 역시 지난 해 여름 금강산에 다녀와서 한 편의 수필을 남겼지만, 지금 돌이켜 보니 너무 성급했다는 자괴감自愧感이 든다. 잘 익은 홍시가 아니라 떫은 풋감을 남기고 말았다는 부끄러움으로 얼굴이 붉어진다.

금강산은 그야말로 산자수명山紫水明한 명산이다. 나무 한 그루, 풀 한 포기, 돌멩이 하나에서도 애잔한 정감을 느낄 수가 있다. 나는 금강산에서 북녘동포들에게 고마움을 전하고 싶다는 마음을 갖게 되었다. 그들이 아니었더라면 금강산이 지금껏 이렇게 태고의 순결을 간직할 수 있었을까 해서다.

금강산은 자연 생태계의 보고다. 금강산에는 짐승이 60여 종 서식하고 있으며, 날짐승은 200여 종이 살고 있고, 식물이 940여 종이나 번식하고 있다고 전한다. 어디 그뿐인가? 천 길 낭떠러지로 뛰어내리는 폭포수며 쑥 빛이 감도는 계곡의 옥류수玉流水는 감탄을 자아내고도 남는다. 금강산에 반해서 홀로 금강산에서 살다가 시 한 수 남기고 세상을 하직했다는 어느 일본 사람의 이야기가 가슴을 후빈다. 금강산은 원형에 가깝게 자연이 잘 보존되어 있는 산이다. 지금까지 수십만의 남녘 관광객들이 다녀갔지만 등산로엔 담배꽁초 하나 없고, 나뭇가지 하나 꺾이지 않았다. 경치 좋은 곳에 러브호텔이나 가든 또는 별장 한 채 들어서지 않았다. 그뿐이 아니다. 관광도로를 낸다고 산을 뚫거나 파헤치지도 않았다. 남녘의 지리산, 설악산, 한라산이 잘 꾸민 도시형 미인이라면 금강산은 화장 끼 없는 시골 처녀 같다는 인상을 받는다. 오죽하면 북녘 금강산의 자연 감시요원들을 데려와 남녘의 환경보호요원으로 활용하면 어떻겠느냐고 농담을 했겠는가?

나는 금강산에서 내가 극히 미미한 자연의 일부라는 사실을 터득할 수 있었다. '인간이 만물의 영장靈長'이란 이야기는 참으로 오만방자하고 불경스럽기 짝이 없는 인간의 허장성세虛張聲勢임을 깨달아야 했다. 인간은 모름지기 자숙해야 한다. 자연을 정복한다고 날뛰지 말아야 한다. 자연을 훼손하고 환경을 오염시켜서 얻은 것이 무엇인가? 멸망으로 가는 지름길일 뿐이다. "자연으로 돌아가자"고 부르짖었던 장자크 루소의 선견지명이 오늘따라 자꾸 그리워진다.

나이가 들어갈수록 자꾸만 북적대는 도시를 벗어나고 싶다는 생각이 간절해진다. 복잡다단한 문명으로부터 탈출하고 싶다는 욕구가 내 안에서 꿈틀거린다. 여생을 아니 일 년에 단 며칠이라도 금강산의 적요한 암자에서 묵으면서 도시와 문명 속에서 찌든 때를 벗겨내고 싶다. 맑은 공기를 마시고, 청정한 산하를 굽어보며, 속세의 온갖 번뇌와 망상으로부터 벗어나 세심洗心의 경지로 살고 싶다.

(2006)

김학 기행수필집 ⑯

지구촌 여행기

인쇄 2019년 8월 1일
발행 2019년 8월 15일

지은이 김학
발행인 서정환
펴낸곳 수필과비평사
주소 서울시 종로구 삼일대로 32길 36(익선동 30-6 운현신화타워) 305호
전화 (02) 3675-3885, (063) 275-4000 · 0484
팩스 (063) 274-3131
이메일 sina321@hanmail.net essay321@hanmail.net
출판등록 제300-2013-133호
인쇄 · 제본 신아출판사

ISBN 979-11-5933-229-6 03810
값 15,000원

이 도서의 국립중앙도서관 출판예정도서목록(CIP)은 서지정보유통지원시스템 홈페이지(http://seoji.nl.go.kr)와 국가자료공동목록시스템(http://www.nl.go.kr/kolisnet)에서 이용하실 수 있습니다.(CIP제어번호: CIP2019030500)

Printed in KOREA

이 책은 한국예술인복지재단 창작준비금을 지원받아 발간했습니다.